狂人

王开林 著

复旦大学出版社

目录

自　序　狂人之狂在于敢讲"人话" / 001

龚自珍　狂来说剑，怨去吹箫 / 007
辜鸿铭　一个比三大殿更重要的中国人 / 031
章太炎　百年来最狂放的国学大师 / 063
黄　侃　七大嗜好害死人 / 097
刘文典　敢当面骂蒋介石为"新军阀" / 125
梁漱溟　宁鸣而死，不默而生 / 149

狂人之狂在于敢讲"人话"(自序)

古义的"狂"与今义的"狂"有同也有不同。古义共六条,除去"狗发疯"和"通'诳',欺骗"外,其他四义(放荡,不受拘束;狂妄;急躁;气势猛烈)与今义大致吻合,但今义以"精神失常"替代了古义"急躁"。

本书的重点在"佯狂"和"真狂",盖混合古义今义而用之。

孔子说:"不得中行而与之,必也狂狷乎,狂者进取,狷者有所不为也。"狂人大言独行,尽管与儒家的中庸法度不相吻合,但他们既有是非标准,又有进取目标,仍是孔子较为肯定的那一类人。

两千五百年前,楚国狂人陆通(字接舆)遇见孔子,即兴唱起了那首著名的《凤歌》:"凤兮凤兮,何德之衰?往者不可谏,来者犹可追。已而已而,今之从政者殆而!"意思是:"凤啊凤啊,只有圣明的君主出现,它才会降临世间,你是当今的人中之凤,怎么反而带着弟子周游列国,自行减弱美德的光辉,去劝导那些不可救药的诸侯施行仁义?从前犯傻就算了,现在醒悟还不迟。统治者已把国家折腾得混乱无比,乌烟瘴气,你想使黑暗的现实恢复光明,只是白日做梦,现在的君主算是彻底完蛋了!"孔子听完陆通的《凤歌》,赶紧起身下车,打算向这位楚国狂人请教"中国向何处去"的大难题。陆通却拍拍屁股,摇摇脑袋,转背疾走,并不接招。孔子身居困境,内心寂寞如沙,好不容易遇上高人,却未能交换意见,想必惆怅万分。

楚国狂人陆通看透了当时的政治黑暗和世道凌夷,他认为孔子放低身位,推行仁义,不辞劳顿,不畏艰险,明知不可为而为之,是不识时务,这种绝望的旅程只有偏执狂才会走到两眼晕黑。他怜悯"衰凤",厌憎现实。陆通并非真狂,他无意进取,有所不为,是不折不扣的狷者才对。此类民间高士节欲隐身,虽无益于治乱,却是头脑清醒的观察者和一针见血的批判者,同样不可多得。

中国近现代,内忧如溺,外患若焚,狂士寻罅隙而游刃,机会不少,磕碰也多,爱国书生痛恨现状,构筑梦想,虽卷刃而无所惧,虽折戟而无所惜。

1906年,章太炎从上海西牢获释后,东渡日本,在东京留学生欢迎会上,他讲过一段流传至今的"疯话":

> 大凡非常可怪的议论,不是神经病人,断不能想,就能想也不敢说。说了以后,遇着艰难困苦的时候,不是神经病人,断不能百折不回,孤行己意。所以古来有大学问成大事业的人,必得有神经病才能做到!……为这缘故,兄弟承认自己有神经病,也愿诸位同志,人人个个,都有一两分的神经病。近来有人传说,某某是有神经病,某某也是有神经病,兄弟看来,不怕有神经病,只怕富贵利禄当面现形的时候,那神经病立刻好了,这才是要不得呢!略高一点的人,富贵利禄的补剂,虽不能治他的神经病,那艰难困苦的毒剂,还是可以治得的。这总是脚跟不稳,不能成就甚么气候。

演讲快结束时,章太炎大声疾呼:

> (我)要把我的神经病质,传染诸君,传染与四万万人!

他将"狂者进取"的古义发挥到了极致。清末时,章太炎公然辱骂光绪皇帝为"小丑",鄙视慈禧太后为"先帝一遗妾",民国时期他冲击总统府,专寻袁世凯的晦气。名师出高徒,章太炎的弟子多为狂生。黄侃最具代表性,他目高于顶,饱览古书则"八部书外皆狗屁",轻视今人则"胡适之辈不过尔尔"。刘文典自谓天下真懂庄子的学者仅有两个半,其一为庄子本人,其二为刘文典,另外半个则尚未降生。他当面怒骂蒋介石为"新军阀",颇有东汉末年的青年天才祢衡击鼓骂曹的冲天胆气。章太炎和他的诸位弟子,学富五车,演技高明,他们的大才智和真性情如同双刃剑,频频伤及敌手,屡屡殃及无辜,其功过是非,虽盖棺多年,却仍旧难以论定。

清代湘湘才子汤鹏(1800—1844,字海秋)狂名满天下,他说:"狂者之志,有进无退也。"他与人打赌,猛饮大黄药而死于盛年。曾国藩作《祭汤海秋文》,道是"狂名一鼓,万口嚣嚣",可见狂名之立,为世所忌,并不是什么好事情。龚自珍的狂,是"狂来说剑"的狂,一个"说"字,即将书生的底细泄露无遗;辜鸿铭的狂,是"立异以为高"的狂,对付洋鬼子和假洋鬼子,这种不按牌理出牌的招法相当管用;

黄侃的狂,是背叛礼法的狂,为此他张扬个性,逾越边界;刘文典的狂,是自负太过的狂,猛吹牛而皮不破,堪称一绝;梁漱溟的狂,是"一代直声"的狂,为农民争取位置,公然顶撞领袖,非大仁者、大勇者莫能开口。他们的狂法全然不同,内里的精气神则贯通如一:为了开心颜,决不摧眉折腰;敢于讲人话,哪肯俯首帖耳?

王国维的七律《晓步》颈联为:"四时可爱唯春日,一事能狂便少年。"狂人多半有赤子之心,赤子不畏猛虎,乃是性情使然。世人侧目而视,以为他们偷吃了熊心豹子胆,倒真是莫明其妙的念头。

一个社会,倘若腥、膻、腐、恶更吃香,更走俏,狂人就势必转型为烈酒、胡椒和芥末,没有他们,"佳肴"肯定难以下咽。一个地方,倘若池、塘、丘、壑更养眼,更悦目,狂人就势必升格为江流、岳峙和云飞,有了他们,"美景"还能剩下多少底气?

龚自珍

狂来说剑,怨去吹箫

大凡性情中人，喜欢讲怪话，管不住自己的鸟嘴，动辄触犯时忌，就休想在官场中混出多大名堂。

龚自珍（1792—1841）的《病梅馆记》曾在我心头刻下一痕磨灭不去的印象。江、浙两地的文人墨客爱梅成癖，违背自然精神，"以曲为美""以欹（qī，倾斜）为美""以疏为美"，颇有点像是薜萝村中效颦的东邻女儿，竟以西施捧心为美。要使病态美的效果臻于极致，他们多有绝招——"斫直、删密、锄正"，扭曲梅的天性，不惜戕残其生机。于是乎，龚自珍感叹道："文人画士之祸之烈至此哉！"作者同情病梅，更深层的意思则是同情封建时代的士子，从小到大，个个接受"思想改造"，诵读四书五经，习染孔仁孟义，写作八股文章；被各种礼数牢牢束缚，像是端午节的粽子；他们时时处处俯首低眉，察言观色，生活得极不自然，极不自由，缺乏应有的个性和生趣。"天地之间，几案之侧，方何必皆中矩？圆何必皆中璧？斜何必皆中弦？直何必皆中墨？"龚自珍用文章诘问仍嫌意犹未尽，还要用诗歌大声疾呼：

九州生气恃风雷，万马齐喑究可哀。
我劝天公重抖擞，不拘一格降人才！

依龚自珍看来，当时举国萧条，人才奇缺，"左无才相，右无才史，阃无才将，庠序无才士，垄无才民，廛无才工，衢无才商，抑巷无才偷，市无才驵，薮泽无才盗"，连鸡鸣狗盗之徒中都缺乏高明特殊的角色，即使偶尔有才士与才民出现，"则百不才督之缚之，以至于戮之"，他们也还是没有活路。这虽是夸张的说法，亦可见各类人才所处的环境何等恶劣，何等凶险。

龚自珍的《己亥杂诗》与《病梅馆记》乃属同一路数的作品，进步则显而易见，由同情病梅转为呼唤强者，由主张归真反璞转而赞成革故鼎新，这正好切合中、晚清自强自振的时代精神。

龚自珍为何能够高蹈狂舞二十余年，被誉为"文坛之飞将"？目无余子的湖湘才子汤鹏称赞比他大八岁的龚自珍为"海内文章伯，周南太史公"，居然低首俯心。近代牛人康有为称赞龚自珍的文章为"清朝第一"，亦可谓心悦诚服。南社诗雄柳亚子对龚自珍更是推崇备至，视之为"三百年来第一流，飞仙剑客古无俦"。三十岁时，我才接触《龚定庵全集类编》，他的作品和身世立刻抓住了我的心。这位被教科书称为"具有进步思想的清朝诗文家"绝对不是英国小说家弗斯特在《小说面面观》中轻视的那种"扁平人物"，他的形象不仅浑圆，而且具有立体感，个性的优劣均特别吸引时人的眼球。

龚自珍出生在杭州的诗礼仕宦之家，母亲段驯是著名文字学家段玉裁（代表作为《说文解字注》）的女儿，她爱好诗词，撰有《绿华吟榭诗草》，得益于家学渊源，她同样善于"以经说字，以字说经"。这样的文化氛围，不用讲，龚自珍受惠良多。少年时，他读《汉书·东方朔传》，神思恍惚，若有所遇，竟自称为"曼倩后身"（东方朔字曼倩），玩世不恭、傲视权门乃是他们骨子里的共同点。龚自珍十三岁作《水仙花赋》，以水仙花自喻，寄托其脱俗的高雅情怀；他十五岁分韵作诗，十九岁倚声填词，二十三岁作《明良论》四篇，送给外公段玉裁斧正，第二篇中有"士不知耻，为国之大耻"的论断，与明末清初学问家顾炎武在《日知录·廉耻》一则中的论断——"士大夫之无耻，是谓国耻"，实属一脉相承。龚自珍自诩"少作精严故不磨"，段玉裁也称许这位外孙治经读史之作"风发云逝，有不可一世之概"，赞美他的行文"造意造言，几如韩、李之于文章，银碗盛雪，明月藏鹭，中有异境，此事东涂西抹者多，到此者少也。自珍以弱冠能之，则其才之绝异，与其性情之沉逸，居可知矣"。这段话的大意是："龚自珍的文章意味深长，文采斐然，可与唐代的文学家韩愈、李翱相比，就像银碗里装着皓雪，明月下藏着白鹭，文中有特殊的意境。东涂西抹的作者很常见，但能达到他这种程度的作者很稀有。龚自珍二十岁就能写出好文章，那么他的才华极为优异，与性情深沉而飘逸，就可想而知了。"段玉裁还为自己晚年见到外孙才华横溢而倍感欣慰，他感慨道："吾且耄，犹见此才而死，吾不恨矣！"他说的"不恨矣"就是不遗憾了。但有一点，段玉裁谆谆告诫外孙要"努力为名儒，为名臣，勿愿为名士"，曾有人说："名士者，世界至不祥物也。其为祟，小之足以害家，大之足以祸国。古今贪冒之徒，多属一时知名之士。若扬雄、刘歆、谯周、魏收、褚渊、石崇、冯道、陶谷，皆名士也，或为篡贼之走狗，或为江湖之大盗，或为贰臣，或为秽吏，为百世所鄙弃。"段玉裁不愿外孙龚自珍成为名士，就是担心他会迷失方向，误入歧途。

一位忧国忧民的诗人，不肯枯守书斋，皓首穷经，老死雕虫，自然做不成名儒；一位针砭时弊的文人，傲骨铮铮，无意攀缘权贵，自然也做不成名臣；龚自珍任性使气，不拘细行琐德，弄得狂名远播，他在词中写道，"屠狗功名，雕龙文卷，岂是平生意"，意思是"干出侠客轰轰烈烈的功名，写出文豪洋洋洒洒的文章，都不是我今生的志向所在"。龚自珍的志向是什么？是做一个我行我素的自由人，冲破罗网，放浪形骸，因此他不做名士谁还能做名士？

吴昌绶的《定庵先生年谱》大体是粗线条的，细节不多。我找来找去，也只找到一条有趣的记载：龚自珍孩提时，只要过了正午，听见柔靡的箫声就会生病，及至成年，仍旧如此，可谓应验如神。谁也弄不明白这究竟是什么缘故。箫、剑是文才武略的两种象征。"剑"象征从军报国的雄心壮志，"箫"象征忧国忧民的哀怨幽情。这就不奇怪了，在龚自珍的诗词中总是充满了剑气和箫声，"来何汹涌须挥剑，去何缠绵可付箫"，"绝域从军计惘然，东南幽恨词满笺。一箫一剑平生意，负尽狂名十五年"，"气寒西北何人剑，声满东南几处箫"，"按剑因谁怒，寻箫思不堪"，"狂来说剑，怨去吹箫，两样销魂味"，"少年击剑更吹箫，剑气箫心一例消"，"沉思十五年中事，才也纵横，泪也纵横，双负箫心与剑名"。龚自珍常说其前身是一位修道未精的老和尚，莫非老和尚修道未精就听不得箫声？真是咄咄怪事。

《清史稿·龚巩祚传》对龚自珍的评价只是一语带过："巩

祚（龚自珍又名巩祚）才气横越，其举动不依恒格，时近傀儡……其文字骜桀，出入诸子百家，自成学派。所至必惊众，名声藉藉，顾仕宦不达。"这段话的意思很明确，龚自珍的才名妨碍了他的前途。清朝到了嘉庆、道光两朝，已开始加快脚步走下坡路，朝野官绅柔媚取容，乡愿自好。似龚自珍、魏源、汤鹏这样的不羁之士，对世故圆滑深恶痛绝，因此矫枉过正，令人侧目。

在科举考场上，大才子落魄者多，顺利者少，龚自珍也不例外。尽管文章惊海内，他却并不擅长写作那种"万喙（huì）相因"（千篇一律、千人一面、千口一声）的八股文，若要找寻出路，谋求政治前途，又不得不"疲精神耗日力于无用之学"。龚自珍总共参加了四次乡试，才中举人；参加了五次会试，直到三十八岁那年，才勉强考取殿试三甲第十九名，"赐同进士出身"。这个成绩够悬的了，离落第并不太远。据《龚定庵逸事》记载：龚自珍会试时，墨卷落在王植的考房，王植认为这名考生立论诡异，于是边读边笑，忍不住笑出声来，隔房温平叔侍郎循声而至，检看这份考卷后，他用断定无疑的语气说："这是浙江卷，考生一定是龚定庵。他生性喜欢骂人，如果你不举荐他，他会骂得极其难听，天下人将归过于你。依我看，还是将他圈中为妙。"王植心想，龚自珍名噪天下，被他指名谩骂可不是好受的，除了生前遭人戳背脊骨，说不定还会遗臭万年，反正取舍予夺之权操持在我手中，这回就成全这位狂生算了。放榜揭晓之日，有人问龚自珍他的房师是谁。龚自珍笑道："真正稀奇，竟是无名小卒王植。"王植听说后，懊恼万分，他一个劲地埋怨温平叔："我听从你的建议举荐了他，他也考中了进士，我却仍旧免不了挨他的辱骂，我做到这样仁至义尽，他到底还要如何？"

清代的殿试以书法为重，龚自珍的翰墨马马虎虎，单为这一条，他就跻入不了鼎甲、二甲之列，点不了翰林。龚自珍的官运可谓平淡无奇，四十六岁在礼部主事（从六品）任上封了顶，再也没有任何升迁的迹象。

龚自珍恃才傲物，自我感觉一贯良好，但他对已经成名的前辈还算尊重。他在写给秦敦夫的信中说："士大夫多瞻仰前辈一日，则胸中长一分丘壑；长一分丘壑，去一分鄙陋。"二十六岁时，他把讽世骂人的文章结集为《伫泣亭文》，恭恭敬敬送给当时的著名学者王芑孙过目，说是请教，实则是等着对方极口赞誉。可是事与愿违，王芑孙的批评虽然委婉，却并不客气："……至于集中伤时之语，骂坐之言，涉目皆是，此大不可也。"他还对症下药："不宜立异自高。凡立异未能有异，自高未有能高于人者。甚至上关朝廷，下及冠盖，口不择言，动与时忤，足下将持是安归乎？足下病一世人乐为乡愿，夫乡愿不可为，怪魁亦不可为也。乡愿犹足以自存，怪魁将何所自处？……窃谓士亦修身慎言，远罪寡过而已，文之佳恶，何关得失，无足深论，此即足下自治性情之说也。唯愿足下循循为庸言之谨，抑其志于东方尚同之学，则养身养德养福之源，皆在乎此。虽马或蹄啮而千里，士或跅驰而济用，然今足下有父兄在职，家门鼎盛，任重道远，岂宜以跅驰自命者乎？况读书力行，原不在乎高谈。海内高谈之士，如仲瞿、子居，皆颠沛以死。仆素卑近，未至如仲瞿、子居之惊世骇俗，已不为一世所取，坐老荒江老屋中。足下不可不鉴戒，而又纵心以驾于仲瞿、子居之上乎？"

王芑孙的这段话大概意思是："在你的文集中，讽刺时俗、斥骂权贵的句子比比皆是，这样做是很不恰当的。做人不宜标新立异，自视过高。你的文章很可能得罪朝廷和官场，与时势抵触，你又如何收拾残局？你责备世人混世媚俗，固然没错，惊世骇俗同样不值得提倡。前者还能保全自身，后者又到何处去寻找立足之地？我私下认为读书人真正应该做的是勤于修身，慎于发言，远离罪恶，减少过失。至于文章好不好，无关紧要。希望你出言谨慎，抑制自己脱俗的想法而尽量合群，那你就会获得幸福之源。尽管世间也有烈马能行千里，也有狂士能办大事，但你是名门子弟，父兄都有官职，任重而道远，不宜树立狂放不羁的形象。何况读书人贵在努力实践，而不是高谈阔论，本朝的狂士王昙、恽敬，已颠沛流离而死。我比他们有所收敛，已不被世人接受，只能隐居在旧屋中，一无所成。你应该把我们当作前车之鉴，不宜放纵身心，以狂名超越前辈为平生快事。"

世事多半难如愿，龚自珍满以为王芑孙是一位当代嵇康，会对他惺惺相惜，却没想到冷水浇背，只收获满纸规劝。他年少气盛，如何听得进逆耳净言？一怒之下，把文集撕成碎片。及至而立之年，龚自珍阅世渐深，《咏史》诗中便有了"避席畏闻文字狱，著书都为稻梁谋"的痛切之句，少年锐气已分明被挫去不少。

龚自珍俯视一世，很少有人能入他的法眼。据况周颐《餐樱庑随笔》记载，他曾嘲笑自己的叔父龚守正文理不通，甚至嘲笑自己的父亲龚丽正也只不过半通而已，可见他是多么自负，多么胆大，多么不讲情面。

有一回，龚自珍拜访身为部长高官（礼部尚书）的叔父龚守正，刚落座，叔侄尚未寒暄数语，守门人就进来通报说，有位年轻门生到府中求见。来人新近点了翰林，正春风得意着呢。龚自珍识趣，只好捺下话头，暂避耳房，外间的交谈倒也听得一清二楚。龚尚书问门生最近都忙些什么,门生回答道,也没啥要紧的事情好忙,平日只是临摹字帖,在书法上用点工夫。尚书夸道:"这就对啦,朝考无论大小,首要的是字体端庄,墨迹浓厚,点画工稳。若是书法一流,博得功名直如探囊取物!"那位门生正唯唯诺诺恭聆教诲,龚自珍却忍不住在隔壁鼓掌哂笑道:"翰林学问,不过如此!"这话出口,那位门生立刻犯窘,慌忙告辞,尚书则勃然大怒,将龚自珍狠狠地训斥了一番,叔侄间竟为此闹翻了脸。狐狸吃不到葡萄,便说葡萄酸,也很可能认为它格外甜。龚自珍未入翰苑,受到的刺激还真不小呢,后来,他干脆让女儿、媳妇、小妾、宠婢都日日临池,而且专练馆阁体。平常,若有人说到翰林如何如何了不起,他就会嗤之以鼻地挖苦道:"如今的翰林,还值得一提吗?我家的女流之辈,没有一人不可入翰林,不凭别的,单凭她们那手馆阁体的毛笔字,就绝对够格!"瞧,他这半是讽刺半是牢骚的话说得多滑稽。你称这是狂吧,他也真狂得妙趣横生。

但事情还有另外一面,到了四十一岁,龚自珍终于为自己小时候不重视书法感到锥心痛悔,他在《跋某帖后》写道:"余不好学书,不得志于今之宦海,蹉跎一生。回忆幼时晴窗弄墨一种光景,何不乞之塾师?早早学此,一生无困厄下僚之叹矣。可胜负负！"

大凡性情中人，喜欢讲怪话，管不住自己的鸟嘴，动辄触犯时忌，就休想在官场中混出多大名堂。龚自珍撰过一副对联："智周万物而无所思，言满天下而未尝议。"这种证悟法华三昧的话，说说而已，他如何能收狂向禅，臻于化境？龚自珍只好认命，做个诗酒风流的名士感觉也不错嘛，至少比那些削尖脑袋苦苦钻营的仓鼠禄蠧活得更潇洒更快意。

龚自珍在词作《金缕曲·癸酉秋出都述怀》中大放狂言："愿得黄金三百万，交尽美人名士，更结尽燕邯侠子！"若以金钱论交，则黄金三百万实区区不为多也。龚自珍的朋友个个有名有数，王昙、汤鹏、张际亮、姚莹、恽敬、孙星衍、赵怀玉、张维屏、阮元、程同文、庄绶甲、李兆洛、刘逢禄、王氏父子（王念孙、王引之）、魏源、林则徐，差不多个个都是重量级、次重量级的士林奇材，有的为平辈之交，有的为忘年之交。特别值得一提的是大学者阮元，他晚年退居扬州，不耐烦接见俗子，"人有以鄙事相污，则伪耳聋以避之"，更别说挽留对方共进午餐或晚餐了。龚自珍游扬州，踵门拜访，两人一见如故，相谈甚欢，阮元吩咐摆家筵款待。扬州士女为此诌成两句调侃的顺口溜："阮公耳聋，见龚则聪；阮公俭啬，交龚必阔。"由此可见，当时朝野名流对龚自珍的推重确实非同寻常。

张祖廉在《定庵年谱外纪》中收集了一些妙趣横生的逸事，值得一录：

> 定庵不喜修饰，故衣残履，十年不更。……又谈次兴浓，每喜自击其腕。尝乘驴车独游丰台，于芍药深处藉地坐，拉一短衣人共饮，抗声高歌，花片皆落。益阳汤海秋过之，亦拉与共饮，问同坐何人，不答。汤疑为仙人，又疑为侠，终不知其人也。

龚自珍貌古颧高，短身急步，说话唱歌嗓门大。他曾到扬州，住在好友魏源家里，魏源个子高，龚自珍穿他的衣服，仿佛身着道袍，雨天出门，下衫拖泥带水。龚自珍喜欢穿靴子，有时玩倦了回来，他懒得脱靴，就从脚上直接踢出去，落在哪儿算哪儿。有一天早晨，他起床穿靴，却只找到一只，到处寻遍了，都没见到另一只靴。等他出门以后，仆人这才在蚊帐顶上找到了那只失踪的靴子。

一个人放浪于形骸之外，身上总难免会有长年改不掉的老毛病。龚自珍平日身上不可有钱，有钱即随手花尽，花酒没少吃，樗蒲（chūpú）之戏（赌博）也没少玩，差不多场场必输。所幸他诗名大，崇拜者不乏其人，借钱给他，似乎仍嫌不够客气和义气，有人干脆送钱给他，索性将自己的快乐建立在这位名士的快乐之上。龚自珍嗜赌，多半花别人的钱，得自家的快活，如果真要他破财，他一早就倾家荡产了。令龚自珍最沉迷的赌戏是摇摊（即压宝），他经常吹牛说他能用数学公式解出大小输赢的概率，分毫不差。令人咋舌的是，他的"研究工作"竟做到了卧室里，帐顶画满一大堆数字，没事时，他就躺在床上，抬头琢磨那些数字的排列组合，从中探寻消长盈虚的消息。龚自珍不止一次吹嘘自己的赌术天下独步，了解他的人则清楚，其所谓独步天下的赌术，只不过是赵括那样的纸上谈兵，全无实际效果。

有一回，扬州某盐商家大摆宴席，名流巨贾齐聚，酒过三巡，照例要开赌局。有位王姓客人喜欢附庸风雅，视龚自珍为超级偶像，那天他晚到，看见龚大诗人在花园里独自拂水弄花，昂首观云，一副萧然出尘的姿态，便凑到跟前去搭讪："您肯定不喜欢闹哄哄的场面，独自游园，可真是雅人深致啊！"龚自珍笑道："陶靖节（渊明）种菊看山，哪里是他的本意，只不过无可奈何，才纵情山水之间，以寄托满怀忧郁。所以他的诗文越是旷达，就越是表明他不能忘怀世事。我拂水弄花，也是这种境况而已，没什么特别。"稍停，他又说：

"今天的赌局,我早看得雪样分明,只因阮囊羞涩,才使英雄无用武之地。可惜世间没有豪杰之士,肯拿赌本给我去大博一场!"这位王姓富商正愁没有进一步攀结龚自珍的契机,听他如此海侃神吹,还能不倾囊相助?两人联袂入局,坐庄做闲,呼卢喝雉,转眼间,连输数把,一千两银票化为乌有。王姓客人囊中多金,倒没怎么着恼,龚自珍却气得嗷嗷直叫,一跺足,拂袖而去。

是真名士自风流,龚自珍最知怜香惜玉。他收藏到汉代美人赵飞燕的一枚玉印,将它视为藏室三大宝贝之一,赞不绝口。他见人起屋时用斧子砍伐桃树、海棠,也不禁大动恻隐之心,立刻从刀下"救得人间薄命花"。他对同时代的美女、才女的呵护就更不用说了,与随园主人袁枚相比,也不遑多让。然而他风流过头,终不免死于花下,代价未免稍高了些。龚自珍的情敌很不简单,是荣恪郡王绵亿的儿子,姓爱新觉罗,名奕绘,此人在文学上的造诣并不浅,著有《明善堂集》。奕绘受封为贝勒,其妻太清西林春(原为侧室,后扶正)则为福晋。太清本姓顾,是江苏吴门人,才色双绝。奕绘不仅会做官,还特别爱才,家中自然是谈笑有鸿儒,往来无白丁。四十四岁时,龚自珍任职宗人府主事,是奕绘的下属部员,常去奕绘的府邸交差。贝勒从不把他当作下级看待,而是尊为上宾，任由他在府中行走，时或与顾太清诗词唱和。龚自珍《己亥杂诗》中有"一骑传笺朱邸晚，临风递与缟衣人"的诗句，"缟衣人"即指顾太清，她喜欢穿缟衣（白衣），真实写照堪称浪漫温馨。久而久之，两人通了情款，合手把一顶绿帽子悄悄地扣在奕绘头上。太清常穿白衣，披红斗篷，凌波微步，胜似天仙，手指洁白如玉，尤其喜欢骑在高头骏马上弹铁琵琶，见过的人都说她是王昭君再世。龚自珍有绝活，他与太清用蒙语聊天，用京语谈诗，用吴语调情，表面上看不出半点蛛丝马迹。但情之所至，神魂为之颠倒，又怎能长期避人耳目？这事只可遮瞒一时，到底还是被奕绘瞧出了破绽。贝勒虽爱才，却也不肯扮演活王八，于是，暗中派人追杀龚自珍，一定要致他于死命。所幸太清的仆人忠心爱主，侦获这一阴谋，及时通知了龚自珍。

道光十九年（1839年）四月二十三日傍晚，久任京官的龚自珍突然辞职南行，"不携眷属，独雇两车，以一车自载，一车载文集百卷，夷然傲然，愤而离京。"他自谓出走理由是"罡风力大簸春魂"，意思是高空的强劲风力簸荡春魂，使之惊恐不安，借喻仕途凶险。有人说，这其实是打马虎眼，他逃之夭夭，是因为京城有人要索他的命。龚自珍孤身逃往江东，路费不足，只好到处蹭饭，好在他文名大，朋友多，不至于吃闭门羹。《己亥杂诗》中有句"侥幸故人仍满眼，猖狂乞食过江淮"，即描写这段不堪回首的经历。

龚自珍与顾太清的绯闻情事有个漂亮的名目——"丁香花公案"，传说中有好几个版本，写过《孽海花闲话》的晚清文人冒鹤亭言之凿凿，坚持认为奕绘用鸩酒攫取了龚自珍的性命。于是就有历史学家跟他较真，煞一煞他好为武断的文风。1936年，清史专家孟森作《丁香花公案》一文，考证出己亥年（1839年）奕绘已死，地下枯骨何能寻仇？这样一来，冒鹤亭的断言便不攻自破。

实际上，真正站得住脚的理由是：龚自珍为广东鸦片案极力主战，得罪了军机大臣穆彰阿，后者炙手可热，势焰熏天，龚自珍惹不起，倒还躲得起，于是乎逃之夭夭，跑得越远越安全。

龚自珍五十岁时（1841年）殁于浙江丹阳。《年谱》上说他是"暴疾捐馆"——当时他担任云阳书院讲席——此事令人疑窦丛生。传说更是节外生枝，称龚自珍是被美妾灵箫鸩杀的，只因灵箫移情别恋，与某生偷欢时被龚自珍撞见现场，好不羞愤，变心的妇人下手遂有如此之毒。这一说法也没有站得住脚的资料支持，仍属臆测，不足为凭。

嘉（庆）、道（光）之际，龚自珍与魏源并肩齐名，有"龚魏"之称。就文学而言,龚胜于魏;以政见而论,魏胜于龚。龚自珍也极力主张御外侮,焚鸦片。他一直关注塞防,可谓深谙边情,"九边烂熟等雕虫"的诗句并非自我吹嘘,他好为"天地东西南北之学",研究边疆的历史地理,多有心得,曾撰《蒙古图志》,洞悉沙俄的狼子野心。李鸿章为《黑龙江述略》作序,称道龚自珍的识见:"古今雄伟非常之端,往往创于书生忧患之所得,龚氏自珍议西域置行省于道光朝,而卒大设施于今日。盖先生经世之学,此尤为荦荦(luòluò,明显)大者。"大意是:"古今雄伟非常的动议,往往是书生饱经忧患之后的创见,道光年间龚自珍就提议在西域建立行政机构,今日终于大举施行了。在龚先生利济天下的学问中,这是尤其昭明显著的。"

早在1838年,林则徐被朝廷任命为钦差大臣,去广东厉行禁烟,龚自珍赠给好友一方紫端砚台,背刻"快雪时晴帖",寓意明确,祝愿林则徐马到功成,尽快整顿出"银价平,物力实,人心足"的好局面。林则徐极其珍惜这份礼物,他被流放伊犁时,囊橐(行李)至简,仍携此砚相随,尔后在砚背刻诗一首:"定庵贻我时晴砚,相随曾出玉门关。龙沙万里交游少,风雪天山共往还。"

龚自珍意犹未尽,还写了一篇《送钦差大臣侯官林公序》,

劝老友"宜以重兵自随""火器宜讲求",多筑炮台,准备一战,他的确很有先见之明。林则徐迅速作出了回复,信中说:"责难陈义之高,非谋识宏远者不能言,而非关注深切者不肯言也。"可见林则徐对老友的多项建议确有采纳,确有认同。

龚自珍果真具备侠肝义胆吗?"狂来说剑,怨去吹箫",可不是闹着玩的,可惜豪情都付与流水飘风,虽是极佳曲调,时人和后人却听不分明。弱质书生自古好为大言,连诗仙李白也未能免"俗",手中无剑,心中无剑,笔下却有剑气如虹,虽与千秋功业无缘无分,能神骛八极,心游万仞,也不错啊!怕就怕自始至终是一只去了势的瘟猴子,被专制帝王及其可恶的奴才治得仅剩半口气,还要搓圆喉咙尖喊"吾皇万岁万岁万万岁",至死不醒,至死不悟。

"文坛之飞将"能往何处飞?晚清七十年犹如悲剧的第五幕,眼看就要完场了,龚自珍的翅膀折断于1841年,似乎很不情愿去亲睹中国近代史上耻辱连篇的纪录。犹如老房子着火,那些耻辱对于暮气沉沉的中华帝国的打击几乎是致命的,令无数爱国志士救死而不暇,龚自珍中年谢世,不及看到如此惨淡的一幕,这应算是他个人的大幸。

龚自珍在《己亥杂诗》中称赞好友黄玉阶"亦狂亦侠亦温文",此语又何尝没有自况的意味?他的豪情大都栖落在纸上，这样也好，一百多年后读他的诗篇和词章，我的鲜血仍能烨然着火。

  陶潜诗喜说荆轲，想见停云发浩歌。
  吟到恩仇心事涌，江湖侠骨恐无多！

  在内受钳制、外遭欺侮的年月，纵有侠骨也沉沦啊。林则徐可谓大侠，却被冤里冤枉地充军伊犁。此前，龚自珍已然魂归西土，要不然，眼看着老友踽踽西出玉门关，真不知他的赠别诗该怎样下笔。

  是啊，该怎样下笔呢？墨还未浓，纸还未铺。纵然墨浓了，纸已铺就，写出来的恐怕也是半点不讨好的句子。都说"愤怒出诗人"，但被黑暗现实气炸了心肺之后，诗人还能成其为诗人吗？基于这一点，龚自珍死于五十岁，未终天年，可算绝顶幸运了！

  魏源曾作七言古诗《客怀柬龚定庵舍人》八首，其中第三首的开头四句诗颇得要领："奇才与庸福，天地悭其兼。繁艳与硕果，华实无两全。"龚自珍是奇才，是硕果，他不该抱怨命运只给他熊掌，不给他鱼。他得到的确实是更好的部分。

"虎父多生犬子","名父多出败子",这似乎是人世间的规律,古今都有人做过"坑爹"的文章。龚自珍的长子龚孝拱就是绝对的顽主,他小时候勤敏好学,天资过人,遍窥家中宝艺阁藏书,兼识满文、蒙文和唐古忒文。龚自珍死后,龚孝拱还学会了英语、法语,在英国公使威妥玛的门下讨生活。他没能继承父亲的文学天才,却遗传了父亲的性格狂妄。论恃才傲物,龚孝拱确实不遑多让,青出于蓝而胜于蓝。龚自珍目中无爹,还只是背后轻声嘀咕。龚孝拱眼中无父,则犹如审查官一样严厉。清初经学家、文学家毛奇龄请人雕刻朱熹的木像,置于案头,读《四书》时,若认为朱熹的注解有误,他就会伸手掌击木像,世人都认为他太过狂妄了。然而龚孝拱效仿毛奇龄,有过之而无不及。某日,他忽发奇想,增删改窜父亲的文章,作为善本,卖到坊间赚钱。当年,还没有儿子继承父亲版权一说,于是龚孝拱以坊间的流行本为底本,阅读时,身边必摆放两件道具:一是龚自珍的木主(灵位牌),二是木方尺。每日他展卷细读,废寝忘食。如果他读到出奇惊人的语句,或者自愧不如的地方,就会离座而拜,口中念念有词:"难为吾父,想得到,亦写得出,诚不愧为一代文豪!"礼拜完毕,他就奋笔疾书,原文照录,加上浓圈密点,而且连呼"妙文",赞不绝口。如果有一字一语不合心意,他就会立刻搁笔,举起木方尺击打灵位牌,厉声叱责道:"不通不通,亏你写得出来!"于是少不了信笔涂抹,随意修订。待龚孝拱将龚自珍的文集、诗集通读通改完毕,灵位牌已被敲碎,无法复原。有趣的是,尽管龚孝拱自认为这个通改本是国内首屈一指的善本,但没有任何书商肯出资承印,他的心思和工夫到底还是白费了。龚孝拱自号"半伦",意谓君臣父子夫妇昆弟朋友之谊已虚,仍留恋一妾,故曰"半伦"。冒鹤亭在《孽海花闲话》中记载:"英使(威妥玛)在礼部大堂议和时,龚橙(龚孝拱名橙)亦列席,百般刁难,恭王大不堪,曰:'龚橙世受国恩,奈何为虎象翼耶?'龚厉声说:'吾父不得官翰林,吾贫至糊口于外人,吾家何受恩之有?'恭王瞠目望天,不能语。"龚孝拱为虎作伥,甘为洋奴,居然还振振有词,拿父亲不得翰林为绝佳借口,假若龚自珍能够活到期颐(百岁左右)高寿,就算他不羞死,多半也会愧死。

虽然大器晚年成,卓荦全凭弱冠争。
多识前言蓄其德,莫抛心力贸才名。

龚自珍这首《示儿诗》的大意是:"虽然都说大器晚成,

但要做杰出人士，还得靠年轻时勤奋打拼，多把前面两句话琢磨透，积蓄高尚的品德，不要浪费心力去追求风流才子的虚名。"有道是，言传不如身教。龚自珍的这首诗算是白写了，他是一位彻底失败的父亲，但他是一位绝对成功的诗人，一生欲蓄其德而未圆其德，不贸才名而大获才名。他要的，不是上帝肯给的；他得的，却不是自己想要的，你说，这有什么办法？

辜鸿铭
一个比三大殿更重要的中国人

在西方人眼里，辜鸿铭具有极大的魅力和神秘感。到了北京不去见他，简直就跟入宝山空手而归没什么区别。

1921年，日本作家芥川龙之介游历中国，他首途上海，西方友人约翰斯与他握手话别，善意地提醒道："你到了北京，不去看紫禁城也不要紧，但不可不见辜鸿铭啊！"

在西方人眼中，辜鸿铭（1857—1928）具有极大的魅力和神秘感，他们视这位古怪老头为北京城内比三大殿更重要的人文景观，到了京城不去见他，简直就跟入宝山空手而归没什么区别。

辜鸿铭自嘲为Crazy Ku，这位辜疯子的魅力和神秘感究竟何在呢？看其晚辈学者和作家对他的描述，单是外表，就令人觉得很有些滑稽可笑。

他生得一副深眼睛高鼻子的洋人相貌，头上一撮黄头发，却编了一条小辫子，冬天穿枣红宁绸的大袖方马褂，上戴瓜皮小帽；不要说在民国十年前后的北京，就是在前清时代，马路上遇见这样一位小城市里的华装教

士似的人物，大家也不免要张大了眼睛看得出神吧。(周作人《北大顶古怪的人物》)

先生喜征逐之乐，故不修边幅，既垂长辫，而枣红袍与天青褂上之油腻，尤可鉴人，粲然立于其前，不须揽镜，即有顾影自怜之乐。(梁实秋《辜鸿铭先生逸事》)

袍作枣红色，衬以无领铜钮，肥大马褂一袭，下着杏黄套裤，脚着挖心式"夫子履"，青云遮头，鼻架花镜。每谈国事，则曰：'你们中华民国！'盖先生发辫长垂，小帽红结，大如小儿拳，迄其天年，从未忘情于清室。(王森然《辜鸿铭先生评传》)

枣红色的旧马褂，破长袍，磨得油光闪烁，袖子上斑斑点点尽是鼻涕唾液痕迹，平顶红结的瓜皮小帽，帽子后面是一条久不梳理的小辫子，瘦削的脸，上七下八的几根黄胡子下面，有一张精通七八国语言，而又极好刁难人的嘴巴。脚下，终年一双梁布鞋。(王理璜《一代奇才辜鸿铭》)

一个背逆者，宣传君主主义；一个浪漫派，接受孔教作为人生哲学；一个主张专制者，却以佩着奴隶的标记（辫子）为得意。辜鸿铭之所以会成为中国近代最有趣的人物，即是由于上述矛盾。（温源宁《不够知己·辜鸿铭》）

这个小老头，像禁欲者一样瘦削，但面孔很有神采，直着脖子，身体微微前倾，颧骨突起，宽宽的额头下闪烁着两只带笑意的大眼睛。他穿着中国长袍。在北京人都已剪掉辫子的此刻，他却留着那条象征性的发辫。我们的谈话进行了一个多小时。辜氏口若悬河，我几乎插不上话。其实，这只是一场长长的独白，令我毕生难忘，因为我从未见过如此执著、如此固执地坚持己见、坚持确定信念的人。（弗兰西斯·波里《中国圣人辜鸿铭》）

从以上多人所述，我们总能看到一个词，那就是"辫子"。"中华民国"推翻清朝，最大的成就就是剪掉了辫子，剪掉了被洋人称之为pig-tall（猪尾巴）的耻辱。辜鸿铭学贯中西，精通英、法、德、意、日等多国语言和古拉丁文，他为何独独对那条不甚雅观的辫子敝帚自珍？辜氏曾说："许多人笑我痴心忠于清室。但我之忠于清室非仅忠于吾家世受皇恩之王室——乃忠于中国之政教，即系忠于中国之文明。"有人劝他随俗从众剪掉辫子，他说："辫去而国富强则去之，否则固不去也！"有人将他的辫子视为前清遗老的残留物，他却将自己的辫子视为"一个标志和象征——几乎是一个宗教符号，一面中国民族性的旗帜"，或者说，是一本中华传统文化的护照。如果你据此认定他过度重视和高估男人脑后那根有碍观瞻的辫子，就未免太天真了。辜鸿铭以笔名汉滨读易者撰写《张文襄幕府纪闻》，下卷中谈及服饰和辫子，他说："今人有以除辫变服为当今救国急务者，余谓中国之存亡，在德不在辫，辫之除与不除，原无大出入焉。"脑后的辫子可以咔嚓一声剪掉，心中的辫子则剪不掉，辫子是有形的，"德"却是无形的，"德"到底是什么？他却语焉不详。

1919年8月间，胡适在《每周评论》第33期上登出一篇随感录，批评辜鸿铭由于"立异以为高"的潜在心理作祟，别人留辫子他偏要剪辫子，别人剪辫子他偏要留辫子，完全是玩世不恭，为了出风头，引人注目。对此，辜鸿铭很生气，要求胡适登报向他正式道歉，否则就要去法院控告胡适诽谤罪，这当然只是威胁之词。

学在西洋，回归中土

1857年，辜鸿铭出生于马来半岛西北的槟榔屿，幼而岐嶷（qíyí），被乡人目为神童。其父辜紫云是华侨的后裔，受雇于当地双溪吕蒙牛汝莪橡胶园，在苏格兰人福布斯·司各特·布朗（Forbes Scott Brown）属下任司里，为人忠厚，深得器重，其次子鸿铭被布朗收为养子。当辜鸿铭十三四岁时，他被布朗带去欧洲大陆，进苏格兰名校爱丁堡大学修习艺术和文学。辜紫云送儿子出洋时，特别叮嘱他两件事：第一，他不可入耶稣教；第二，他不可剪辫子。到了苏格兰，辜鸿铭处处受到歧视，每天出门上街，当地小孩总跟在他身后叫喊："瞧啊，支那人的猪尾巴！"他牢记父亲的教训，忍耻含羞，不敢剪去辫发。直到某个冬日，辜鸿铭的监护人去伦敦办事，他偷闲去会女朋友，那位苏格兰少女很顽皮，拿着他乌黑的长辫玩赏了好一阵，有点爱不释手。辜鸿铭一时冲动，将父亲的教训抛到九霄云外，就对她说："你要是真心喜欢，肯赏脸收下这条辫子，我就把它剪下来送给你。"于是，咔嚓一声，那条长辫转瞬间便更换了主人。

在爱丁堡大学求学期间，每逢星期天，辜鸿铭必携带纸笔,如同一名大侦探,去图书馆搜寻孤本秘籍,一旦找到,立刻抄录下来。五六年间,他光是抄书就有数十种。同为爱丁堡大学的高材生,李提摩太最怕与辜鸿铭交谈,因为他读书虽多,在辜鸿铭面前,却显得孤陋寡闻。二十岁那年,辜鸿铭获得文学硕士学位。其后,他游学欧洲多国,在德国莱比锡大学获得工科学士文凭。大约在1880年,辜鸿铭回到马来西亚,入英属新加坡殖民当局任职。人生的重大转变往往是由于某个机缘促成,有时是一件事,有时是一个人。正当辜鸿铭瞻望前途举棋不定之际,他幸运地遇到了《马氏文通》的作者马建忠。当时,马建忠在巴黎获得法学博士学位,奉李鸿章征召,回国入其幕府襄助洋务,他途经新加坡,寄寓在海滨旅馆。辜鸿铭慕名前往访晤,两人都有欧洲留学的背景,因此一见如故。三日倾谈,马建忠舌粲莲花,极赞华夏文化如何博大精深,源远流长,竟使辜鸿铭恍若醍醐灌顶,其人生观和生活方式陡然作出大转变。他决定前往中国,研究经史。

  我在新加坡同马建忠相遇……是我一生中的一件大事。因为正是他——这个马建忠,使我再一次变成一个中国人。尽管我从欧洲回来已经三年多,但我还不曾深入了解中国的传统思想和观念世界……自己仍保留着一个假洋鬼子样……

我同马建忠相遇三天后,即向新加坡殖民当局提出了辞呈,不等其作出答复,就乘坐第一班汽船回到我的槟榔老家。在那里,我告诉我的堂兄,即我们家那位家长,说,我愿意蓄辫并改穿中国服装。

回归中土四十年后,忆及往事,辜鸿铭对马建忠当初给他指点迷津仍感激不尽。

幕僚生涯

光绪十一年(1885年),一个偶然的机会,辜鸿铭由两广总督张之洞的幕僚赵凤昌(或谓杨汝澍)推荐,受聘为总督衙门的德文译员。他从此追随张之洞,由广州而武昌,由武昌而京城(中间在南京短暂任职),总计长达二十二年之久。刚入张之洞幕府时,辜鸿铭的洋文虽然出众,国学却尚未入门,一代鸿儒沈增植颇为轻视这位假洋鬼子,对他说:你说的话我都懂,你要懂我的话,还须读二十年中国书。辜鸿铭受此刺激,从此钻研中国古代典籍,寝馈于斯,十余年后他毅然践履前约，扔出白手套，向沈增植发起挑战，沈增植见势不妙，高挂免战牌。

在《张文襄幕府纪闻》一书中，辜鸿铭曾写到张文襄（之洞）对他"虽未敢云以国士相待，然始终礼遇不稍衰"，"余随张文襄幕府最久，每与论事辄不能听"，"张文襄尝对客论余，曰某（辜）知经不知权"，瞧这几句话连皮带馅，实际上是三分感激夹带七分牢骚。张之洞少年得志，掇巍科（一甲第三名，俗称"探花"），点翰林，放学政，其后久任封疆大吏，办洋务，倡新学，标榜"中学为体，西学为用"，这八个字一度风靡国中。但张之洞的骨子里渗透了旧文官习气，用人首重门第，次重科甲，三重名士，至于喝过洋墨水的人材，仅仅充为译员，很难得到他的举荐。辜鸿铭通晓欧洲多国语文，在外交场合为张之洞挣足了面子，却仍然只是处于养而备用的境地。张之洞是大傲哥，辜鸿铭也是大傲哥，一个是上司，一个是下级，难免会有冲突，会有顶撞，两人居然能长期做到彼此谅解，相互包涵，已属难能可贵。辜鸿铭拥有足够的闲暇，不见得就是坏事，他沉潜于六经子史之中，欣然感叹："道固在是，无待旁求。"一旦对儒家经典心领神会，他就放开手脚，在英文刊物上发表介绍和评述中国文化精华的文章，欧洲学者正是从他豁开的这扇敞亮的窗口看到中国哲学和文化的精深邃密之处，因而感到惊奇和兴奋。俄国文豪列夫·托尔斯泰与辜鸿铭用书信探讨过中国文化对现实世界所起的作用，丹麦文学与社会评论家勃兰兑斯也在长篇评论中对辜鸿铭批判欧洲文化的观点表示激赏。辜鸿铭还做了一桩拓荒性质的工作，他用典雅的英文翻译《四书》中的《论语》和《中庸》，把文化输出这一项目做得风生水起。辜鸿铭歪打正着，因此在欧洲知识界挣得持久不坠的声誉，也可算是失之东隅，收之桑榆。

辜鸿铭静待时来运转，一等就是十七年。张之洞突然想起这位模范幕僚虽然孤傲，倒也精明，却迟迟未获提升，自己做老板的实在有些过意不去。他对辜鸿铭说："十七年来，我对你有所疏忽，可是你为什么不提出要求呢？我很忙，把你的晋升给忘记了。"张之洞这回动了真格的，向光绪皇帝举荐辜鸿铭，御旨任命辜鸿铭为上海黄浦浚治局督办，月薪高达800两银子，确实是个肥差。辜氏对物质生活没有奢求，做官做得相当清廉，独善其身也就罢了，他在财务上盯得比老鹰还紧，居然揭发并控告洋人的贪赃舞弊行为，妨碍他们的财路，这就等于搬起石头砸烂自己的金饭碗。

1907年夏，张之洞奉旨进京出任体仁阁大学士兼军机大臣，他在幕僚中精心挑选了两名"洋学生"——梁敦彦和辜鸿铭随同北上。到了北京，梁、辜二人同入外务部，辜鸿铭任员外郎，旋升郎中，做了司长，总算混到出人头地了。

1910年1月17日，辜鸿铭获得清廷赏赐的一项荣誉：即以其"游学专门列入一等"，赏给文科进士。在同榜中，严复居首，辜鸿铭居次，伍光建列第三。辜鸿铭对自己屈居第二，深感气闷，一直耿耿于怀，闷闷不乐。如果说严复、伍光建将西洋名著输入到国内，使国人眼界大开，算是了不起的本事，他辜鸿铭将中国儒家文化输出到国外，去感化那些野性难驯的洋鬼子，就更是了不起的本事。但严、伍的功绩国人有目共睹，辜的功绩则是在西洋知识界有口皆碑，他显然要吃亏一些，能点个榜眼，不说心满意足，他也该心平气和了。

遗老和教授

张之洞去世后不久，被贬居彰德的袁世凯大有卷土重来之势。辜鸿铭在许多公开场合辱骂袁世凯是"贱种"，是"流氓"，他还在《张文襄幕府纪闻》一书中嘲笑袁世凯的智商只相当于北京街头刷马桶的老妈子，袁世凯耳目众多，难保他不清楚这本坏账。外务部尚书梁敦彦是辜鸿铭的顶头上司和多年好友，他为辜的安全担忧，恐怕他难逃厄运，便及时向辜鸿铭发出警报,要他赶紧逃生。辜鸿铭够倔,但并不傻,他立刻辞职南下,跑到上海,出任南洋公学的校长(也有记载称他做的是教务长)。

1911年冬,唐绍仪、张謇在上海为袁世凯罗致人才,想把辜鸿铭招至麾下,他们知道辜鸿铭是忠心耿耿的保皇党,清廷却并未厚遇过他,于是设宴于名店,引用孟子的话去打动他,"君之视臣如犬马,则臣视君如国人;君之视臣如土芥,则臣视君如寇仇"。瞧,这话说的,就像是倒提宝剑,授人以柄,辜鸿铭当然不会错过冷嘲热讽的机会,他说:"鄙人命不犹人,诚当见弃。然则汝两人者,一为土芥尚书,一为犬马状元乎?"这话的意思是:"我的命不像别人那么好,理应被遗弃。然而你们两人,一个是清朝的邮传部尚书,一个是光绪二十年的恩科殿试状元,地位和功名不可谓不显著,岂是寻常的土芥和犬马可比?"辜鸿铭讥刺唐绍仪和张謇热衷功名,忘恩负义,他掷下杯子,拂袖而去。辜鸿铭的话算是挖苦到家了,唐、张二人自取其辱,好生无趣。

1916年,袁世凯的皇帝迷梦被蔡锷的远射踢爆,退位后不久,一命呜呼。他活着时,老百姓难获生人之趣,他死了,北京城仍要禁戏三天,娱乐场所悉数关门歇业。辜鸿铭不理会这道官方禁令,他将戏班子接至家中,照旧开演。警察登门干涉，他白眼告知：袁某某是忌日，我可是生日，这戏不演不行。警察也知道辜疯子的厉害，跟他不可较真，于是睁一只眼闭一只眼，听之任之。

1917年，蔡元培主掌北大，以"兼容并包"为办学宗旨，延聘辜鸿铭为北大英文门教授。蔡元培的理由是："我请辜鸿铭，则因为他是一位学者、智者和贤者，绝不是一个物议飞腾的怪物，更不是政治上极端保守的顽固派。"

据翻译家李季在自传《我的生平》中揭秘，辜鸿铭到北大任教，实有一个小波折。1916年，李季所在的英文班专任英文教师是C先生，这位登徒子学问不弱，但常以妓院为家，就没好好地教过书，英文班的同学深致不满，强烈要求刚接掌北大的蔡元培校长辞退C先生，改聘辜鸿铭来给他们上英文课。为达成这一愿望，他们罢课数星期。李季笔歌墨舞地写道："自C去而辫子先生来，我们不啻'拨开云雾见青天'。"名师出高徒，李季用文言文翻译辜鸿铭的英文社论，就恰成双璧，得到了"辫子先生"的首肯，传为佳话。辜鸿铭是天字第一号的保皇党，他时刻以前清部郎自居，脑后拖着灰白小辫，在北大激昂亢进的氛围中来去招摇，保持鲜明的个人姿态。他反对女生上英文课，反对新文化运动，确实是当年一道奇异的景观。"辫帅"张勋复辟时，辜鸿铭在外交方面竭尽绵薄之力,梁敦彦荐他做外务部侍郎,据说张勋期期以为不可,理由是"辜鸿铭太新了",这真是令人啼笑皆非的笑谈。好在那幕复辟闹剧只折腾了十多天就草草收场了,倘若再闹下去,保不定还会闹出更多更大的笑话。

辜鸿铭对其日本籍夫人吉田贞子珍爱有加,由于爱屋及乌,他特别欣赏近代日本的政教和文化,他曾说:"有人纳闷处于孤岛之上的日本怎么会崛起为东方的强国。其主要原因就在于日本生下了许多我妻子那般贤淑的女子——她们像崇高的古罗马母亲一样伟大。"1924年,他应日本"大东文化协会"之邀,去东瀛巡回讲学(主题是"东方文化"),待了几年,并不如意。"东北大王"张作霖一度想聘请辜鸿铭为政治顾问,两人见了面,晤谈过几回,张作霖觉得货不对版,辜鸿铭也对张作霖观感不佳。他跟日本朋友萨摩维次谈及那次东北之行,仅仅一语带过:"张作霖只不过是个马贼,他哪里懂得政治与文明。"

1928年,军阀张宗昌欲委任辜鸿铭为山东大学校长,辜氏未置可否,即于4月30日下午逝世于北京寓所中,享年七十二岁。辜鸿铭曾对近邻和好友凌福彭(现代女作家凌叔华的父亲)说,他想刻一枚图章,同康有为的"周游三十六国"比一比,看谁的棒!他要印上自己的履历——"生在南洋,学在西洋，婚在东洋，仕在北洋"。辜鸿铭年轻时在武昌娶日本少女吉田贞子为妻（一说为妾），勉强算得上婚在东洋。可见他童心未泯，骨子里是好胜的，他不肯让康有为专善独美。还有一事也可见出辜鸿铭的好强，他自夸能够背诵弥尔顿的代表作、数千行的长诗《失乐园》，好友梁崧生抵死不肯相信，他就当场表演，拿出一本英文原著，请凌叔华的堂兄作证，把《失乐园》背得流水滔滔，原原本本，一字不错，硬是堵住了梁崧生的嘴，使对方不服气不行。

在北大当教授，辜鸿铭并没有把本分之中的传道授业解惑当回事，他第一堂课要学生将讲义翻到 page one（第一页），等到最后一堂课他还是要学生将讲义翻到 page one。授课时间全在嬉笑怒骂中过去，但他的嬉笑怒骂全是学问。辜氏的课上座率极高，并不逊色于胡适。社会活动家袁振英（1894—1979）在1915年至1918年间是辜鸿铭的受业弟子，他写过《记辜鸿铭先生》等多篇回忆文章，辜氏的顽固态度他并不恭维，但辜氏热爱中国文化，对外传播的超凡功力无人能及，高深的外文修养也足以俯视一世，袁振英极表佩服，他还特别认可辜氏诙谐有趣的教学方法，"学生也很喜欢"，"乐而忘倦"，辜氏"也很得学生爱戴，胡适之先生也比不上。因为北大在五四运动以前，还有许多学生反对新思潮的"。以怪论耸人听闻,以嘲骂语惊四座,以诡辩独擅胜场,眼瞧着那些青年听众两眼放光,舌挢[jiǎo,翘起]不下,被牵着鼻子走,这才是辜鸿铭乐此不疲的赏心快事。又有谁比北大的学生更合适做他的听众?要领会他的幽默讽刺,必须有点悟性。胡适初至北大任教时,辜鸿铭根本没把这位二十七岁的留美博士放在眼里,他批评胡适讲的是美国中下层的英语,与高雅不沾边,胡适"以为中国简直没有文明可言"的虚无论调,也令老爷子大光其火。胡适开哲学课,更让辜鸿铭笑掉大牙,他指出,欧洲古代哲学以希腊为主,近代哲学以德国为主,胡适不会拉丁文,又不懂德文,教哲学岂不是骗小孩子。

1915年9月初,代理校长胡仁源致完简短的开幕词,余下的时间就被辜鸿铭牢牢地攫在手中,尽兴地谩骂当时的政府和社会上的新生事物。他说,现在做官的人,都是为了保持他们的饭碗。他们的饭碗可跟咱们的饭碗不一样,他们的饭碗很大,里边可以装汽车,装洋房,装姨太太。又说,现在的作者文章都不通,他们所用的名词就站不住脚,譬如"改良"一词吧,以前的人都说"从良",没有说"改良"的,你既然是"良"了,还改个什么劲?莫非要改"良"为"娼"?他这样讲了一个多钟头,许多人尽管不同意他的观点,但听得津津有味,盖因辜鸿铭的胡言乱语极为诙谐。

有一次，他向学生表示，他百分之百拥护君主制度，中国社会大乱，时局不宁，主要原因是没有君主。他举出一个小小的例子，以证明此言不虚：比如讲法律吧，你要讲"法律"（说时小声），没有人害怕；你要讲"王法"（大声，一拍桌子），大家就害怕了，少了那个"王"字就绝对不行。说到王法，还有一个笑话，辜鸿铭讨了一位中国太太，还讨了一位日本姨太太，她们对他很好，但有时也会联手对付这位古怪老头，因此辜鸿铭多少有点惧内，别人抓住这个题材调侃他时，他的回答出乎意料："不怕老婆，还有王法么？"

愤世嫉俗骂强梁

辜鸿铭在西方获得赫赫之名，多半由于他那机智有余、火花四溅、酣畅淋漓的英文实在太出色，他那专搔痒处、专捏痛处、专骂丑处的文化观点实在太精彩，令欧洲学者为之心折，敬佩有加。罗家伦说，"善于运用中国的观点来批评西洋的社会和文化，能够搔着人家的痒处，这是辜先生能够得到西洋文艺界赞美佩服的一个理由"，这算是说到了点子上。辜鸿铭在中国获得盛名，则是由于他怪诞不经的言行实在太离谱，他桀骜不驯的态度实在太刺目，"他的灵魂中没有和蔼，只有烈酒般的讽刺"，令中国人的胃口吃不消，眼睛也受不了。他对玩弄以诡辩与谬论"震惊白种或黄种庸人"的游戏乐此不疲，欧洲人能够欣赏他大言不惭、狂狷不逊、立异为高的表演，而中国人则全然不懂得该如何欣赏其中的妙趣。东方人的文化性格过于内敛，东方人的文化土壤从来就不肯容纳异端和叛逆。西方人视之为稀罕的天才，东方人却视之为少见的怪物，这就是根本原因所在。其实，我们只要逾越中国人千百年来自设的重重樊篱，把辜鸿铭简单地视为一个极端有趣（低级趣味和高级趣味兼而有之）并具备一流才智的人，就能够从他自觉和不自觉的喜剧表演中清醒地观察到、深刻地认识到中国人的可爱处和可恶处，以及中国文化的可尊处和可卑处。然而问题是，很少有人能像他那样蔑视西方的价值观念，他到底是仅仅表现一种东方人的文化姿态，还是确实出于内心的真诚？这始终是一个谜。辜鸿铭太擅长表演了，因此他的言行具有极大的遮蔽力和欺骗性，在一团驳杂的光影中，观众往往莫辨其虚实。

当年，欧美人在中国简直就如同洋菩萨，到处受到尊敬，辜鸿铭却对这种崇洋媚外的现象十分反感，他决定不失时机地羞辱白人，以证明中国人才是真正优越的代表。有一次，他在电影院看电影，想点着一支一尺长的烟斗，但火柴已经用完。当他认出坐在他前排位置的观众是一位苏格兰人时，他就用烟斗和蓄有长指甲的手指轻轻敲击苏格兰人的那颗光头，一副傲形于色的样子，以不容拒绝的口气说："请点着它！"那个苏格兰人被吓坏了，以为撞见了邪煞，遭遇了中国黑道上的老大。苏格兰人自忖开罪不起，只得乖乖地掏出火柴，抖抖索索地点着辜鸿铭的烟锅。辜氏深吸一口，吐出一团烟雾，同时也吐出了心头积郁的那口鸟气。辜鸿铭在洋人面前表现出来的优越感源自于他的机智幽默。

某天，辜鸿铭在北京椿树胡同私邸宴请欧美友人，点的是煤油灯，烟气呛鼻。有人说，煤油灯不如电灯和汽灯明亮，辜鸿铭笑道："我们东方人，讲求明心见性，东方人心明，油灯自亮。东方人不像西方人那样专门看重表面功夫。"你说这是谈佛理，谈哲学，还是故弄玄虚？反正他这一套足够唬住那些洋鬼子。辜鸿铭辩才无碍，他既能在西洋人面前稳操胜券，也能在东洋人面前棋高一着，即便他面对的是日本前首相伊藤博文那样的高段位选手，他也能赢。中日甲午海战后，伊藤博文到中国漫游，在武昌居停期间，他与张之洞有过接触，作为见面礼，辜鸿铭将刚出版不久的英文译本《论语》送给伊藤。伊藤早有耳闻——辜氏是保守派中的先锋大将，便乘机调侃道："听说你精通西洋学术，难道还不清楚孔子之教能行于两千多年前,却不能行于20世纪的今天吗?"辜鸿铭见招拆招,他回答道:"孔子教人的方法,好比数学家的加减乘除,在数千年前,其法是三三得九,如今20世纪,其法仍然是三三得九,并不会三三得八的。"伊藤听了,一时间无词以对,只好微笑颔首。辜鸿铭殊非当时一些萎靡不振的士大夫所可比拟,他生平喜欢痛骂洋人,反以此见重于洋人,不为别的,就为他骂得鞭辟入里,骂在要穴和命门上。洋人崇信辜鸿铭的学问和智慧,到了痴迷的地步。当年,辜鸿铭在东交民巷使馆区内的六国饭店用英文讲演"The Spirit of the Chinese People"(他自译为《春秋大义》),中国学者讲演历来没有售票的先例,他却要售票,而且票价高过"四大名旦"之一的梅兰芳。听梅的京戏只要一元二角,听辜的讲演,要二元,外国人对他的重视由此可见一斑。

辜鸿铭的讽刺锋芒,并非专门针对外国人,有时也会"枪口"对内。他在《张文襄幕府纪闻》一书中讲了许多笑话,令人喷饭。其中一则原文如下:"昔有人与客谈及近日中国派王大臣出洋考究宪政。客曰:'当年新嘉坡(新加坡)有一俗所谓土财主者,家资巨万,年老无子,膝下只一及笄女儿,因思求一快婿入赘作半子,聊以自慰。又自恨目不识丁,故必欲得一真读书、宋玉其貌之人而后可。适有一闽人,少年美风姿,因家贫往新嘉坡觅生计,借寓其乡人某行主之行中。土财主时往某行,见美少年终日危坐看书,窃属意焉。问某行主,知是其里人欲谋事者,遂托某行主执柯。事成,美少年即入赘做土财主家娇客。入门后无几何,土财主召美少年曰:'从此若可将我家一切账目管理,我亦无须再用管账先生。'美少年赧然良久,始答曰:'我不识字!'土财主骇问曰:'曩何以见若手不释卷终日看书耶?'少年答曰:'我非看书,我看书中之画耳!'噫,今之王大臣出洋考察宪政,亦可谓之出洋看洋画耳!"辜鸿铭讽刺清廷派亲王和大臣去欧美各国考察宪政,不是以"走马观花"四字去笼统批评,而是讲个土财主觅个文盲婿的笑话,以"出洋看洋画"五字去冷嘲热讽,令人喷饭之余,对于现实的观照更为清醒。

生逢乱世,很少有人像辜鸿铭那样愤世嫉俗,推倒一世雄杰,骂遍天下强梁,他性喜臧否人物,出语尖酸刻薄,不赏脸,不留情。慈禧太后去世后四年,辜鸿铭写过一篇《慈禧的品行、趣味和爱好》的文章,赞扬慈禧太后"胸怀博大,气量宽宏,心灵高尚","是一位趣味高雅、无可挑剔的人"。但这并不表明,他对慈禧太后就没有微词。鄂中万寿节时,湖广总督府大排宴席,燃放鞭炮,唱新编爱国歌。辜鸿铭对同僚梁星海说,有爱国歌,岂可无爱民歌?梁星海便怂恿他试编一首。辜鸿铭有捷才,稍一沉吟,便得四句,他朗诵道:"天子万年,百姓花钱;万寿无疆,百姓遭殃。"话音刚落,满座为之哗然。辜鸿铭对晚清的中兴人物,如曾国藩、李鸿章,亦颇有微词。他认为曾是大臣,李是功臣,曾之病在陋(孤陋寡闻),李之病在固(凡事无所变更)。他还拿张之洞与端方作比较,结论是:"张文襄学问有余,聪明不足,故其病在傲;端午桥聪明有余而学问不足,故其病在浮。文襄傲,故其门下幕僚多为伪君子;午桥浮,故其门下幕僚多为真小人。"

近世人物中,辜鸿铭最看不起袁世凯,因此后者挨骂的次数最多,也最为不堪。1907年,张之洞与袁世凯由封疆外任同入军机,辜鸿铭随喜,也做了外务部的员外郎。有一次,袁世凯对驻京德国公使说:"张中堂(张之洞)是讲学问的,我是不讲学问的,我是办事的。"言下之意是,他处理公务无须学问帮衬。辜氏听人转述此话,忍俊不禁,立刻以戏谑的语气嘲笑袁世凯不学无术,他说:"当然,这要看所办的是什么事,如果是老妈子倒马桶,自然用不着学问;除倒马桶外,我还不知道天下有何事是无学问的人可以办到的。"当时,有一种说法众人皆知:洋人孰贵孰贱,一到中国就可判别,贵种的洋人在中国多年,身材不会走形变样,贱种的洋人则贪图便宜,大快朵颐,不用多久,就会脑满肠肥。辜鸿铭借题发挥,用这个说法痛骂袁世凯:"余谓袁世凯甲午以前,本乡曲一穷措无赖也,未几暴发富贵,身至北洋大臣,于是营造洋楼,广置姬妾,及解职乡居,又复购甲第,置园囿,穷奢极欲,擅人生之乐事,与西人之贱种到中国放量咀嚼者无少异。庄子曰:'其嗜欲深者,其天机浅。'孟子曰:'养其大体为大人,养其小体为小人。'人谓袁世凯为豪杰,吾以是知袁世凯为贱种也!"他还骂袁世凯寡廉鲜耻,连盗跖(zhí)贼徒都不如,直骂得袁世凯一无是处。

1919年,张勋六十五岁生日,辜鸿铭送给这位气息奄奄的"辫帅"一副贺寿联,上联为"荷尽已无擎雨盖",下联为"菊残犹有傲霜枝"。意思是清朝灭亡了,那顶官帽已经全无着落,但还留下一条好端端的辫子,足可笑傲于这个寒光闪闪的时代。撇开这副对联的精神内涵不谈,借喻确实极为贴切生动。辜鸿铭用苏东坡《赠刘景文》一诗中的名句做寿联,与其说是夸赞张勋的遗老骨气,还不如说他是别有深意,纯然作为自我表彰。毕竟张勋带头上演过复辟闹剧,他那条辫子已经臭名昭著,而辜鸿铭的辫子,大家无论是否情愿,确实承认它具有中国传统文化的符号意义,当新文化运动蓬蓬勃勃之际,称它为"傲霜枝",虽有点滑稽,但还不算是比拟失伦。

诙谐的人很可能严肃,古怪的人也很可能正直,辜鸿铭生平最看不惯官场里的蝇营狗苟。以段祺瑞为首的安福系军阀当权时，颁布了新的国会选举法，其中一部分参议员须由中央通儒院票选，凡国立大学教授，或在国外大学得过学位的，都有选举权。于是，像辜鸿铭这类闻名遐迩的北大教授就成了香饽饽。有位美国哥伦比亚大学毕业的陈博士到辜家买票，辜鸿铭毫不客气，开价五百元，当时的市价是二百块。小政客只肯加到三百。辜鸿铭优惠一点，降至四百，少一毛钱不行，必须先付现金，不收支票。小政客还想讨价还价，辜鸿铭大吼一声，叫他滚出去。到了选举的前一天，辜鸿铭果然收到四百块光洋和选举入场证，来人再三叮嘱他明日务必到场。等送钱的人前脚离开，辜鸿铭后脚就迈出大门，他赶坐下午的快车前往天津，把四百块钱悉数报销在名妓"一枝花"身上。直到两天后，他才尽兴而归。陈博士早就气歪了嘴巴，他赶到辜家，大骂辜氏轻诺寡信。辜鸿铭二话不说，顺手抄起一根粗木棍，指着这位留学生小政客，厉声斥责道："你瞎了眼睛，敢拿几个臭钱来收买我！你也配讲信义！你给我滚出去！从今以后，不要再上我这里来！"陈博士理屈词穷，又慑于辜氏手中那根粗木棍的威力，只好抱头鼠窜，逃之夭夭。当时，中国的国会议员被称为"猪仔议员"，实由贿赂公行造成。辜鸿铭用贿款去吃花酒，杀"猪"杀得风流快活，堪称一绝。

在京城的一次宴会上，座中都是一些社会名流和政界大腕，一位外国记者逮住这个空当采访辜鸿铭，所提的问题相当刁钻："中国国内政局如此纷乱，有什么法子可以补救？"辜氏不假思索，立刻开出一剂猛药："有，法子很简单，把现在所有在座的这些政客和官僚，统统拉出去枪毙掉，中国政局就会安定些！"想想看，他这话往报纸上一登，还能不炸锅？还能不招致各路强梁的忌恨？

天生反骨

辜鸿铭经常将孟子的那句名言挂在嘴边，"予岂好辩哉，予不得已矣"，他雄辩滔滔，亦诡辩滔滔，其雄辩与诡辩如山洪暴发，势不可扼，难以阻截，当之者莫不披靡，不遭灭顶之灾不得解脱，英国作家毛姆和日本作家芥川龙之介都领教过他的厉害。有一次，辜鸿铭在宴席上大放厥词："恨不能杀二人以谢天下！"有客问他二人是谁，他回答道："是严复和林纾。"严、林二人均在同席，严复涵养好，对辜鸿铭的挑衅置若罔闻，林纾则是个爆脾气，当即质问辜氏何出此言。辜鸿铭振振有词，拍桌叫道："自严复译出《天演论》，国人只知物竞天择,而不知有公理,于是兵连祸结。自从林纾译出《茶花女遗事》,莘莘学子就只知男欢女悦,而不知有礼义,于是人欲横流。以学说败坏天下的不是严、林又是谁?"听者为之面面相觑,林纾被顶上南墙,无从置辩。王森然在《辜鸿铭先生评传》中如是评论传主:"其为人极刚愎,天生叛徒,一生专度与人对抗之生活,众所是则非之,众所喜则恶之,众所崇信则藐视之,众所反对则拥护之。只得到与人不同之处,便足快乐与骄傲矣。林语堂谓:'辜为人落落寡合,愈援助之人愈挨其骂。若曾借他钱,救他穷困,则尤非旦夕待其批颊不可,盖不如此,不足以见其倔强也。'"

尽管辜鸿铭与其日本夫人和中国夫人相处得很和谐,在家里也不像普遍的中国男人那样喜欢颐指气使,作威作福,但他脑子里并没有女权的影子,他对女性的轻视往往出之以笑谈。譬如他用拆字法将"妾"字解释为"立女",妾者靠手也,所以供男人倦时作手靠也。他曾将此说告诉两位美国女子,对方立刻加以驳斥:"岂有此理!照你这么说,女子倦时又何尝不可将男子作为手靠?男子既可多妾多手靠,女子何以不可多夫?"她们甚为得意,以为这样子就可轻易驳倒辜鸿铭,使他理屈词穷,哑口无言,她们太低估自己的对手了。辜鸿铭果然祭出他的撒手锏,这也是他被人传播得最广的一条幽默："你们见过一个茶壶配四个茶杯,可曾见过一个茶杯配四个茶壶?"与此说相类同,他还在北京大饭店的宴会上戏弄过一位英籍贵妇。那位贵妇跟他搭讪:"听说你一向主张男人可以置妾,照理来说,女人也可以多招夫婿了。"辜氏大摇其尖尖的脑袋瓜,连声否定:"不行不行!论情不合,说理不通,对事有悖,于法不容!"那位英籍贵妇正要提出质询,辜氏又反问道:"夫人代步是用黄包车?还是用汽车?"她据实相告:"用汽车。"辜氏于是不慌不忙地说:"汽车有四个轮胎,府上备有几副打气筒?"此语一出,哄堂大笑,那位英籍贵妇顿时败下阵来,面红耳赤,嗒然若丧。

辜鸿铭曾针对外国人批评中国人不爱卫生、喜欢随地吐痰、很少洗澡的说法反驳道:这正是中国人重精神胜过重物质的表现。实在是强词夺理,只能当作笑话去听。但有一点是千真万确的,辜鸿铭极其欣赏三寸金莲,他娶的中国夫人,裙下双钩尖如玉笋,莲步姗姗,绰约多姿,仿佛凌波仙子。他将小脚之妙总结为七字诀,流播士林,成为定论。他说:"小脚女士,神秘美妙,讲究的是瘦、小、尖、弯、香、软、正七字诀。妇人肉香,脚唯一也,前代缠足,实非虐政。"他还说:"女人之美,美在小足,小足之美,美在其臭,食品中其臭豆腐、臭蛋之风味,差堪比拟。"辜氏有嗜臭奇癖,常常捧着夫人的三寸金莲捏捏嗅嗅，顷刻之间即如服下兴奋剂，简直应验如神，于是灵感骤至，文思泉涌，下笔千言，倚马可待。辜氏喜欢巡游北里，逛八大胡同，其意不在选色征歌，而是专找小脚的妓女下单。他常说：三寸金莲乃中国女性的特有之美，中国妇人小脚之臭味，较诸法国巴黎香水，其味尤醇，能使人神清气爽，心旷神怡。康有为曾送给辜鸿铭一条"知足常乐"的横幅，辜鸿铭笑纳之后说："康有为深知我心！"若让一位强悍的西方女权主义者听到他这些谬论，必定踹其裆，唾其面，批其颊。辜氏运气好，他游历多国，喋喋不休，居然没有遇到过一位凶巴巴的铁娘子，不用口舌，专用拳脚，使他望风而逃。

20世纪30年代，北京大学英文教授温源宁作文《一个有思想的俗人》，尝言："在生前，辜鸿铭已经成了传奇人物；逝世之后，恐怕有可能化为神话人物了。其实，他那个人，跟目前你每天遇见的那许多人并非大不相同，他只是一个天生的叛逆人物罢了。"这也许算得上是一针见血之言。辜鸿铭刻意追求与众不同，大凡别人赞成的，他就反对；别人崇拜的，他就蔑视。时兴剪辫子时，他偏要留辫子；流行共和主义时，他偏要提倡君主主义。由于他才智出众，凡事都能说言嘉论，自圆其说，也就不会穿帮。有人骂他为"腐儒"，有人赞他为"醇儒",其实都不对,他只是一位天生反骨的叛逆者。

辜鸿铭的小脑袋中装满了中国的孔孟老庄和欧洲的歌德、伏尔泰、阿诺德、罗斯金……仿佛一座大英博物院的图书馆,随便抽出几册黄卷来抖一抖,就能抖人一身知识的灰尘。欧美名校共颁赠给他十余个荣誉博士头衔,这个数目仅次于胡适。他恃智玩世,恃勇骂世,恃才傲世,不知得罪了多少人,至死仍我行我素,不投机,不曲意,不媚俗,以不变应万变。一位文化保守主义者如此牢固不拔,行之终身而不懈,举世能有几人?在中国官商士民被洋鬼子压迫得透不过气来的年月,只有他能捅出几个气孔,给洋人和洋奴一点颜色瞧瞧,这已是非常了不起的成绩。有人说:"庚子赔款以后,若没有一个辜鸿铭支撑国家门面,西方人会把中国人看成连鼻子都不会有的。"辜鸿铭、陈友仁被西方人评为近代中国两位最有洋气最有脾气也最有骨气的人,辜在思想上,陈在政治外交上,最善于大言不惭,为中国争面子。有了辜鸿铭,乱世因而添出一份意外的美丽,这是无疑的。辜鸿铭对中国的道德文化具有坚深的信仰,自视为"卫道之干城,警世之木铎",他生平最痛恨中国人吐弃旧学,蔑视国俗,可惜他悲天悯人的善意无谁心领,他洞察古见的睿识无谁神会，一肚皮的不合时宜唯有出之以嬉笑怒骂之言，伤时骂坐之语，因此被人视为"怪物"，贬为"狂徒"，讥为"彻头彻尾开倒车的人"，徒然弄出许多纷扰。林语堂在《八十老翁心中的辜鸿铭》一文中由衷地赞美道："辜鸿铭是一块硬肉，不是软弱的胃所能吸收。对于西方人，他的作品像是充满硬刺的豪猪。但他有深度及卓识，这使人宽恕他许多过失，因为真正有卓识的人是很少的。"应该承认，林语堂对辜鸿铭的推崇不是没有道理的。

此外，我们还应该记住以下几条评价，须知，这些对辜鸿铭俯首折服的人物都不是肯轻易去夸赞谁谁谁的：

> 国家养士，舍辜鸿铭先生而外，都是"土阿福"。（苏曼殊）

> 愚以为中国二千五百余年文化所钟出一辜鸿铭先生，已足以扬眉吐气于20世纪之世界。（李大钊）

> 辜氏久居外国，深痛中国国弱民贫，见侮于外人，又鉴于东邻日本维新富强之壮迹，于是国家之观念深，爱中国之心炽，而阐明国粹，表彰中国道德礼教之责任

心,乃愈牢固不拔,行之终身,无缩无倦。(吴宓)

辜鸿铭死了,能写中国诗的欧洲人却还没有出生!(白特夫人)

我想,如果说这位怪人还有些贡献,他的最大贡献就在于,在举世都奔向力和利的时候,他肯站在旁边喊:危险!危险!(张中行)

章太炎
百年来最狂放的国学大师

他想鸣就鸣,想吼就吼,想咒就咒,想骂就骂,图求的就是那一份回肠荡气、酣畅淋漓的痛快劲。

章太炎（1869—1936）风骨峭峻，意态轩昂，颇有俯视群流不可一世之概，他的疯是出了名的，他的癫是出了名的，他的狂也是出了名的，而他的奇异之处又远远不限于疯、癫、狂三昧。他造诣精深，学识渊博，是一世无几的国学大师，《訄书》、《小学答问》等名著，绝非普通疯子能够完成。现代作家、教育家许寿裳在《章太炎传》中评论章氏的学问，甚高而中肯："以朴学立根基，以玄学致广大，批判文化，独具慧眼，凡古近政俗之消息，社会文野之情状，华梵圣哲之义谛，东西学人之所说，莫不察其利病，识其流变，观其会通，穷其指归。'千载之秘，睹于一曙。'这种绝诣，在清代三百年学术史中没有第二个人，所以称之为国学大师。"然而章太炎更喜欢别人称他为革命家，只要前脚迈出书斋，说话行事，他就无所顾忌，经常做些令各路强梁极端头痛和心惊的事情。章太炎"恃其绝足，往往奔放"，他有包天巨胆，不怕杀头，不怕蹲监，不怕族人将他逐出宗祠，他曾七次遭通缉，三次被囚禁,其勇毅精神至死不挠。他想鸣就鸣,想吼就吼,想咒就咒,想骂就骂,图求的是那一份回肠荡气、酣畅淋漓的痛快劲。

我们细读章太炎的《民国光复》和《东京留学生欢迎会演说录》二文,即可知他排满反清的民族革命思想从少年时即已养成。他曾听外祖父朱有虔谈及明末清初大学者王船山所持的华夷之论——"国之变革不足患,而胡人入主中原则可耻","历代亡国无足轻重,唯南宋之亡则衣冠文物与之俱亡"——心中大受触动。稍后,他读到稗史《东华录》,其中载有雍正、乾隆两朝戴名世、曾静、查嗣庭、吕留良等人惨遭灭族的文字狱,更痛切地感到"异种乱华,是我们心里第一恨事"。为此他愤然发表石破天惊的言论:"明亡于满清,不如亡于李自成,李自成非异族也。"在当时的语境下,他敢讲这样的"疯话",不仅需要一股子狂劲,还得有十足的勇气才行。青年时期,章太炎不去应试,不汲汲于功名,决心做个"汉族完人",在当年此举极为不易,极为罕见。后来,他振笔撰写《讨满州檄》,历数清朝专制帝王十四宗罪(诸如焚书、屠城、制造文字冤狱等),这根源于他对中华文化的热爱和他内心积郁多年的民族情感。

说来难以置信,章太炎天不怕,地不怕,单怕一人,这人既非凶神,也非恶煞,而是两湖书院的山长梁鼎芬。清末时,洋务运动领袖、湖广总督张之洞倡办《楚学报》,延聘梁鼎芬为总办,章太炎为主笔,可是前者为保皇党人,后者为革命党人,两只好斗的"蛐蛐"同钵,自然有一场武戏可看。有一次,梁鼎芬问章太炎:"听说康祖诒(有为)想做皇帝,有无此事?"章太炎冷笑一声,回答道:"我只听说他想当教主,没听说他想做皇帝;其实人有帝王思想,也是常事;只是他想做教主,未免想入非非!"梁鼎芬闻言大骇。章太炎还交出一篇更惊世骇俗的"论文"——洋洋洒洒六万字的《排满论》,其赤裸裸的"民族革命"思想触目惊心。梁鼎芬审读此文,犹如大粪浇头,简直怒不可遏,他狂呼:"反叛反叛!杀头杀头!"他令人用轿棍将章太炎饱揍一顿,轰出报馆。若不是担心连累恩主张之洞,梁鼎芬必定穷追猛打,将这件事情弄成大狱。此后,在一些辩论场合,口舌敌不过章太炎的人便总是掐准时机,在自己即将落败时立刻使出屡试不爽的撒手锏,喝一声"叫梁鼎芬来",十有八九,章太炎会大惊失色,高挂免战牌。

1895年,章太炎加入由康有为、梁启超牵头组织的强学会,交纳了十六块银洋的会费。他还对保国会(1898年由康、梁发起)隐含的宗旨——"保中国不保大清"——表达过激赏之情。百日维新失败后，康有为蜕化为彻头彻尾的保皇党，倡立孔教，自封为教主，章太炎撰文嗤之以鼻，结果遭到康门弟子围殴，被打出鲜红的鼻血来。章太炎一怒之下，与康有为割袍断义，跑到上海去自立门户。

1903年5月，章太炎在《苏报》上发表了义正词严的《驳康有为论革命书》，声称"非种不锄，良种不滋；败群不除，善群不殖"。尤为惊世骇俗的是，他戟指光绪皇帝（此时已被幽禁在北海瀛台，是自身难保的泥菩萨）霉得发乌的鼻梁（肯定不是酒糟鼻），忿然骂道："载湉小丑，未辨菽麦，铤而走险……"他还鄙视慈禧太后叶赫那拉氏"不过先帝一遗妾耳"，只知吸食黎民的膏血，戕残国家的元气，除此之外，别无能耐。西汉灌夫骂座，豪气虽高，怎及清末"章癫"语惊天下？结果，他因文惹祸，当避风头而不避，说什么"革命流血起，流血自我起"，大有"我不入地狱，谁入地狱"的气概。好个邹容，本已匿迹于上海虹口一所天主教堂，可保安然无恙，但他义薄云天，接到章太炎在狱中相召的书信，即刻走出匿身的租界，径直去上海警察局自首，陪师友同作苦囚。章太炎作诗《狱中赠邹容》，气调壮烈："邹容吾小弟，被发下瀛洲。快剪刀除辫，干牛肉作糇。英雄一入狱，天地亦悲秋。临命须掺手，乾坤只两头。"邹容原想，蹲几年西牢又如何？只要留得大好头颅不被斫（zhuó，用刀斧砍）去，就不愁等不来再度布阵开战的日子。可惜，一年后，这位刚满二十岁的天才青年，即病逝于狱中。章太炎每天干完苦役，就独自研究和诵读《瑜珈师地论》，参悟普度众生的大乘佛谛，虽然他的身体失去了自由，但他的精神屹然不倒。

徐锡麟之弟徐仲荪如此评论章太炎："其处世也，有威武不屈之概；其持身也，有独立不惧之神。"诚然，章太炎对于首脑级人物从来就缺乏起码的敬意，而且抱有深刻的敌意。他讥讽政客，嘲骂强梁，略无隐讳，往往一座皆惊，闻者为之变色。其寸衷所执，三军不能夺，万夫莫能撼。他在清末骂光绪，骂慈禧，骂自己的恩师俞樾，并作《谢本师》一文，宣告与之断绝师生关系，闹得狂名满天下。令章太炎始料不及的是，待到他老境颓唐，民国十四年（1925年），其门下弟子周作人也抛出一篇《谢本师》，公开宣布与章太炎断绝师生关系。由此看来，希腊哲学家亚里士多德的名言——"吾爱吾师，吾尤爱真理"——也是不可以随便滥用，甚至胡乱发挥的，否则就会变成中国版的"吾爱真理，吾必灭吾师"，一路恶性循环下去，后果不堪设想。

章太炎在民国骂孙中山，骂袁世凯，骂蒋介石，骂汪精卫，骂吴稚晖。骂得他们个个咬牙切齿，恼羞成怒，却又无可奈何。他与孙中山交恶，说来话长，最早的起因是：1907年，日本政府接到清政府的外交照会，依循惯例，将革命者孙中山驱逐出境。但日本政府预感到孙中山将来很有可能成为中国的"一哥"，这样蛮横粗暴地对待他，不甚妥当，于是由外务省赠给程仪（路费）五千元。此外，东京股票商铃木久五郎馈赠一万元。孙中山认为对方以礼相待，拒绝反为不美，况且革命活动正要吸纳经费，他就悉数笑纳了。这件事孙中山自作主张，未曾知会同盟会同仁，难免被人怀疑其中另有勾兑，不无猫腻。章太炎当时正主编同盟会机关刊物《民报》，经费捉襟见肘，听说孙中山私底下收受黑钱，顿时气不打一处来。他从墙头撕下孙中山的肖像，批上一行字——"卖《民报》之孙文应即撤去"，连同撕碎的照片一起寄给孙中山。有趣的是，某人听闻此事，为之喝彩叫好，章太炎却勃然大怒，甩给那家伙一记耳光，训斥道："孙总理是中国第一等伟人，除我之外，谁敢骂他？"

章太炎坚决主张罢免孙中山的总理之职，由黄兴继任。孙中山的态度很奇怪，对此既不否认，也不承认，始终保持缄默。光复会领袖陶成章是章太炎的至交好友，也不是一盏省油的灯，他亲笔起草了《七省同盟会意见书》，历数孙中山十九条罪状，将排孙情绪煽至沸点。章太炎在集会上说：

孙文自欧洲来到东京,囊空如洗,一文莫名,所有日常生活开支,概由同盟会同志捐献供应。而今孙文得自日本当局馈赠一万五千元,以自动离境为交换条件,事前事后,本会毫不知情。孙文如此见利忘义,不自珍惜志节,不奋发艰苦卓绝情操,接受了污染渗透的赠与,使本会大公无私的号召力,蒙受毁损的阴影,殊感莫大遗恨!为挽救本会开创之士气与信赖,拟请孙文引咎辞卸本会总理职。

由于黄兴不肯接受众人的推戴,并且做了大量艰苦细致的说服劝解工作,"倒孙风潮"最终得以平息,但章太炎从此对孙中山左看右看都看不顺眼。民国临时政府在南京成立后,章太炎对孙中山的观感更差,他指责孙中山妄谈主义,只知隔山打牛,实行一党专制,"任用非人,奸佞在位",被一群阿谀奉承、追名逐利的党徒团团包围。

1912年1月14日清晨,陶成章在上海法租界的广慈医院遭到暗杀,竟然是陈其美指使部下蒋介石所为(蒋介石在日记中并不讳言自己刺杀陶成章的动机:"余之除陶,乃出于为革命为本党之大义,由余一人自任其责,毫无求功、求知之义。然而总理最后信我与重我者，亦未始非由此事而起，但余与总理始终未提及此事也"）。陈其美是孙中山亲信无逾的心腹爱将，章太炎怒不可遏，将矛头直指孙中山。此后，广东都督陈炯明下令杀害光复会的三位重要成员许雪秋、陈云生、梁金鳌，更令章太炎震怒。当时，陈炯明是孙中山倚为股肱的爱将，竟敢冒天下之大不韪，残杀革命志士，在章太炎看来，必定是孙中山暗地里指使。只因政见稍有出入，同盟会的大佬不仅铲除异己，而且对同一阵营的战友痛下毒手，事实一一俱在。尽管孙中山致电陈炯明，严词痛责，章太炎也难消心头之恨。

南北议和时，章太炎在心中反复权衡，能上他的大秤的，只有一个人，这人不是孙中山，不是黎元洪，不是素所推重的黄兴，而是袁世凯。乱世造英雄，如果说袁世凯是奸雄的话，那么他最大的本事就是奸雄造乱世。章太炎一时眼花，硬是觉得举国之中只有袁某人具备凝聚民心、整合国力的通天本事。他的推断很简单：若不是袁世凯逼迫清帝退位，民国从何谈起？他认为袁世凯是"一时之雄骏"，以名实归之，既顺应天意，又合乎人心。章太炎改弦易辙，实为狂性又发，他主张建都北京，与孙中山的意见完全相悖，凡是孙中山支持的他就反对，他现在只认这个理，九牛拉不回。四川革命党人在南京为本省烈士召开追悼会,孙中山出席致词,章太炎偏要选择这样的黄道吉日去搅局,他寄赠的不是挽联,而是一副骂联:"群盗鼠窃狗偷,死者不瞑目;此地龙蟠虎踞,古人之虚言。"章太炎此举既出格又犯众,立刻招致革命党人的群起而攻之。

章太炎放下学问不做,却乐颠颠地要北上去做袁世凯的顾问,所有的人都大跌眼镜。黄宗仰发了一封公开信给章太炎,处处为章大师设想,其中有句"黄海虽浊,尚较专制旧魔窟略可吸收空气",劝他留在上海,安心治学。另一篇见诸1912年6月2日《民立报》的文章《呜呼,经学大师》则毫不留情,其中一节嘲骂道:"太炎素贱视政党议士,至比之干矢鸟粪,今竟甘为抱粪之蜣螂!……朝曳裾于朱门,夕奔走于豪右,不恤宗国之危亡,而唯党见是争!"这话的意思是:"章太炎一向看不起政客议员,甚至将他们比作马屎和鸟粪,现在却甘心做一只屎壳郎!……早晨在权贵家做食客,晚上在豪门大户出入,不挽救祖国的危亡,而只争些党派门户之见!"章太炎我行我素,傲眼望天,当然不会理睬这些笑骂。他在北京与袁氏的幕僚周旋,刚开始大家诗酒应酬,还算愉快,可几个回合下来,章太炎渐渐看清楚了他们的道行和德行,就忍不住猛翻白眼,出言不逊,那些大大小小的政客则将章太炎的嘲骂一律名为疯话，传为笑谈。章太炎敢骂孙中山，敢与陈其美割席绝交，袁世凯深知厉害，他固然要借重章太炎的名望，指靠他的如椽巨笔胜过千支毛瑟枪，却也深知这位疯疯癫癫的大爷不好侍候，还是让他自个儿到一边先去凉快凉快比较明智。于是，他任命章太炎为东三省筹边使，给他配备十几名随员，拨给三千元开办经费。章太炎居然认了真，他前往东北，请来缪才子等一班专家，测绘地形，整出一份《东三省实业计划书》，呈请北京政府批准。结果可想而知，这份计划书泥牛入海，全无消息，章太炎在东北官场更是受了不少鸟气。章太炎再也没有好心情，这一切都是拜袁世凯所赐，他不惜与孙中山、黄兴等人闹翻，袁世凯却这样冷落他，怠慢他，他决定从东北返回北京，另做打算。袁世凯对章太炎一如既往地虚与委蛇，客客气气，但章太炎已不吃这一套。他清醒地认识到，袁世凯不仅市侩乡愿，而且包藏祸心，是彻头彻尾的独夫民贼。袁世凯容不下反对党，容不下民主言论，容不下谔谔敢言的持不同政见之士，处处以奸猾的手腕和虚伪的言词蒙骗国人。认识到这一点，章太炎痛悔自己反孙助袁的孟浪。及至宋教仁遇刺后，章太炎对袁世凯的观感糟到极点，他亲赴武昌，极力游说"无骨泥人"黎元洪出来与袁世凯竞选总统，而这步棋说得好听点是一步大缓招,说得难听点,则是奇臭无比。"项城不去,中国必亡!"章太炎终于抛弃成见,再次与孙中山、黄兴携手,在《民立报》等报纸上发布宣言,痛斥和鞭挞袁世凯及其党羽,给"二次革命"推波助澜。

袁世凯不害怕孙文和黄兴,倒是真有点惧怕章太炎,只要章神经指着谁的鼻子一骂,谁就会声望大跌,身价大减,身体大病。笔头和嘴巴都相当了得的孔教会总会长康有为也难逃此劫,袁世凯可不想沾染上类似的晦气。若是别种类型的烂笔头文人、烂嘴巴疯子,十个百个千个,早被他下令格杀勿论了。举世都称章太炎为"民国之祢衡",这人可万万杀不得。袁世凯读过史书,知道身为君王,扑杀国士,会招致千秋恶名,他有所顾忌。当年,曹操将那位当众裸着身子击鼓、骂他个狗血淋头的祢衡作为"珍贵礼物",奉送给荆州牧刘表,打的就是借刀杀人的如意算盘;刘表也不是缺心眼的傻蛋,立刻将这烫手的"山芋"扔给了麾下的大将黄祖,他明知黄祖是一介莽夫,不怕戕害了国士,遭千秋唾骂,刘表此举同样是存心嫁祸于人。

袁世凯左想右想,决定压曹操半肩,高刘表一头,把事情做得像朵云轩信笺一般漂亮。他派陈宧买通依附于他的共和党党部负责人,以"主持党务,共商国民、共和二党联合事"为由,把章太炎(时任共和党的副理事长)诓骗到北京来,加以监视,免得他手挥如椽巨笔,在南方的报纸上大放厥词,专向北京政府发难。

章太炎仍是那种固有的作风,明知山有虎,偏向虎山行,他对新婚妻子汤国梨说:"当年无奈,出走日本,今天光复了,再避居国外,岂不为外人讪笑?我当入京面数袁世凯祸国之心!"他到了北京,心血来潮,挥翰作诗数首,其中一首七绝豪气干云:"时危挺剑入长安,流血先争五步看。谁道江南徐骑省,不容卧榻有人鼾。"袁世凯将章太炎骗到北京,先加以优礼,若能软化固属上策,不能软化再软禁不迟。他同意章太炎创设考文苑(国学研究院)。然而章氏提出的四十名研究人员、数十万元开办经费却受阻于农商部长张謇。章太炎愿意缩小规模,改办弘文馆,招聘专门人才编纂词典,却依然毫无着落。说到底,袁世凯只想用高薪(月薪500大洋)将这位大师稳住,免得他多生事端。然而,章神经之为章神经,又岂是贪财好利之辈?又岂能常日闲得无聊?他喜欢读报,交游,唱反调,骂高官,发表奇谈怪论,一肚皮的不合时宜。他处处听来和看到"老猿"桩桩件件龌龊事,心气如何平顺得了,嘴巴哪能关住风?他泼不熄攻心的怒火,决定去找那位独夫民贼当面理论一番。大冷的天气,他蹬一双破棉靴,穿一领油油的羊皮袄,手中握一把鹅毛扇,扇坠吊着一枚景泰蓝大勋章,不衫不履,不伦不类。接待员要他出示名片,他白眼一翻,大叫:"谁人不知,哪个不晓,我是在上海坐过三年西牢的章神经!"他捺着火爆性子在接待室中踱来踱去,眼见总统府秘书长梁士诒谈过了,国务总理熊希龄谈过了,副部长向瑞琨谈过了,还轮不到他。一怒之下,他厉声骂道:"向瑞琨,只不过是一个乳臭未干的小孩子,尚且见得,难道我见不得?"他不管三七二十一,径直往里闯,警卫出手阻拦,双方立刻起了冲突,章太炎索性一不做,二不休,操起桌上的花瓶朝大总统画像猛力掷去,哐啷一声巨响,"大总统"碎骨粉身。章太炎闯了祸,被卫兵强行捉入马车,当晚,只得委屈在宪兵教练处过夜。满腔怒气耿耿难消,他又指名道姓不依不饶地骂袁世凯为"包藏祸心"的"窃国大盗"和"独夫民贼",势必"身败名裂","遗臭万年"。他精神极旺,反反复复咒个不停,骂个不休,看守他的卫兵不堪其虐,赶紧找来棉花,塞住耳朵。

袁世凯左思右想,章太炎可不能有一丁点闪失,要不然,天下的笔杆子找他算账,绝不会比天下的枪杆子找他算账更省心更省事,于是他手书八条指示,给军政执法处处长陆建章。这八条指示如下:

一、饮食起居用款多少不计；

二、说经讲学文字，不禁传抄。关于时局文字，不得外传，设法销毁；

三、毁物骂人，听其自便，毁后再购，骂则听之；

四、出入人等，严禁挑拨之徒；

五、何人与彼最善而不妨碍政府者，任其来往；

六、早晚必派人巡视，恐出意外；

七、求见者必持许可证；

八、保护全权完全交汝。

章太炎被捕的消息一传开，便有高层的故旧前往总统府为他缓颊（求情）："袁总统有精兵十万，何必畏惧一介书生，不恢复章某的自由呢？"袁世凯的秘书张某回答道："太炎的文笔，可横扫千军，亦是可怕的东西！"舆论的压力太大，袁世凯不好给章太炎摊派罪名，就定了个"疯子病发违禁"的滑稽名目，以缓和外界批评，求得大家谅解。但不少旁观者仍拭目以待，看袁世凯会不会杀掉"民国之祢衡"。老狐奸这回偏不杀，要大家慢慢欣赏他的大仁大德。

袁世凯琢磨来琢磨去，虽然眼下形格势禁，不宜妄动杀机，可也不能放虎归山，还是预留一手为妥。他下令将章太炎幽禁在北京龙泉寺，后迁至钱粮胡同的新居徐宅，这所房子传闻是一所凶宅，翌年（1915年），章太炎的长女与夫君龚未生发生口角，先生怒骂她"干吗不去死"，结果她真就寻了短见，在徐宅自缢身亡。先生为此痛悔不已。

在钱粮胡同的居所，身遭软禁的章太炎可以读书写作，警方也不阻拦其亲友和弟子前来探望。但有一点很明确，即不准许他出门参加任何社会活动。章神经哪里受得了这套全天候包饺子似的"照顾"？他要泄愤是不会找不到办法的，先是在八尺见方的宣纸上大书"速死"二字，悬挂于厅堂正中；然后满屋子遍贴"袁世凯"字样，以杖痛击，谓之"鞭尸"。他还有一个消遣同样出人意料，把得意弟子黄侃叫来，口授《中国文学史》讲义，由黄侃悉心整理，师徒二人常挑灯夜话，鸡鸣而止。遭软禁而不废学术，此公真好精神。

最让人忍俊不禁的是，章太炎召集寓中所有仆役，颁示六条规矩：

（一）每日早晚必向我请安；
（二）在外面见到我，必须垂手而立；
（三）称我为"大人"，自称曰"奴仆"；

（四）来客统统称"老爷"；

（五）有人来访，无论何事，必须回明定夺，不得径行拦阻；

（六）每逢朔（农历每月初一）望（农历每月十五日，有时是十六日或十七日），必须向我行一跪三叩大礼。

章门弟子钱玄同感到好奇，问老师为何要订立这六条家规？章太炎的回答堪称一奇：

> 我弄这个名堂，没别的缘故，只因"大人"与"老爷"都是前清的称谓，至于"先生"，是我辈革命党人拼死获得的替代品。如今北京仍是帝制余孽盘踞的地方，岂配有"先生"的称谓？这里仍是"大人"、"老爷"的世界，让他们叩头，不是合情合礼吗？

军政执法处处长陆建章（此人心狠手辣，以草菅人命、滥杀无辜著称）遵照袁世凯的旨意，对章太炎严加防范，为了确保后者的生命安全，直接限制其行动自由。章太炎愤而致书袁世凯，结尾处有这样的妙语：

若縶一人以为功,委弃文化以为武,龙翱翔于千仞,览德辉而下之,炳麟其何愧之有!设有不幸,投诸浊流,所甘心也。书此达意,于三日内答复。

章太炎洞悉袁氏及其爪牙的用心,在致汤国梨的家书中,即有所揭露:

人生至此,亦焉得不求死地,使彼能以白刃相加,所欣慕也。彼意乃欲縶维之,挫折之,而不令一死,以召谤议,此其可恨者耳。

其后,章太炎两度绝食,以死相抗,并寄旧衣一袭给夫人汤国梨,表示诀别,信中气调甚为悲苦,颇有点自悲自悼的意思:

以吾憔悴,知君亦无生人之趣。幽居数日,隐忧少寐。吾生二十三岁而孤,愤疾东胡,绝意考试,故得精研学术,悉为人师。中间遭离乱,辛苦亦至矣。不死于清廷购捕之时,而死于民国告成之后,又何言哉!吾死以后,中夏文化亦亡矣。言尽于斯,临颖悲愤。

他的另一封信更是奄奄一息的告白,信中再次提到了"死"字,不过有点滑稽:

> 汤夫人左右,槁饿半月,仅食四餐,而竟不能就毙,盖情丝未断,绝食亦无死法。

汤国梨收信后,担心疯子老公就此一命归西,当即拍电报给总统袁世凯和副总统黎元洪,说是"外子生性孤傲,久蒙总统海涵",这回仍请求他们高抬贵手,万万保全章太炎的性命。

章太炎绝食,身体一天比一天羸弱,精神一天比一天衰减,这不仅使袁世凯大伤脑筋,也令章太炎的诸位高足弟子(钱玄同、许寿裳、朱希祖、黄侃等人)痛心不已,可是他们千方百计也无法使章太炎改变死志,立刻进食。还是学者马叙伦有计谋,他去探望章太炎,好友相见,章太炎精神一振,论及眼下不堪收拾的人事和国事,谈兴极浓,自午及暮,意犹未尽。马叙伦看看天色,起身告辞,他说:"我得走了,中午出来太急,没有吃饭,现在已经饥肠辘辘。"章太炎说:"这事好办,让我的厨子给你准备饭菜。"马叙伦又是摇头,又是摆手,他说:"使不得,使不得,你正在绝食期间,我在你面前据案大嚼,有违仁道,怎能下咽?我真要吃下这顿饭,传出去,岂不为天下士人君子所不齿?"章太炎一心要挽留马叙伦,当即答应与他一同进食。

还有一个与章太炎绝食相关的版本,由掌故大家刘成禺提供,他在《洪宪纪事诗本事簿注》中写道:袁世凯担心章太炎绝食而死,总统府咨议王揖唐便毛遂自荐,去当劝食使者。王揖唐曾是章太炎的门下士,助后者创建过统一党。他在龙泉寺现身,形迹可疑,章太炎责问他是不是来为袁世凯当说客,他连称"不敢"。此后,王揖唐与章太炎聊了好一阵子家常和其他琐事,章先生的脸色由阴转晴了。王揖唐这才返回主题,随意问道:听说先生将绝食而死,真有这样的事情吗?章太炎颔首承认,他说:吾不等袁贼来杀,宁肯自己饿死。王揖唐对此不以为然,他说:先生这样做,袁贼一定会乐不可支,他要杀先生,易如反掌,想杀而迟迟不敢下手,必定另有原因。论奸诈,袁世凯与曹操功力相当,而先生的名气胜过祢衡,他不敢杀你,乃是不愿在历史上留下杀害国士的恶名。先生自愿饿死,袁世凯正中下怀,既无杀士之名,又除心腹之患,先生为袁世凯谋算得很好,却为自己考虑得不周,岂不是要使亲者痛而仇者快吗?章太炎听王揖唐这么一说，就立刻放弃绝食，重新进餐。

到了1915年下半年，袁世凯内心的帝王瘾类似于狂犬病，骤然大发作，筹安会"六君子"抓紧时机，竭力宣传，怂恿各界名流上书劝进。于是全国很快就闹腾得臭烘烘如粪厕。这时，有人想邀功，在袁世凯面前自告奋勇，声称他可以说服章神经，使之放弃故垒，前来投诚。须知，章太炎清望极高，影响深远，他若肯撰文拥护帝制，则局面大可刷新。翌日上午，袁世凯万万没想到收效竟如此之快，章太炎就教人把信送了过来。袁世凯品着乌龙茶，心情好不舒畅，可是信还没读完，他脸上的喜色蓦然全消，化为一片寒冰。

> 某忆元年四月八日之誓词，言犹在耳。公今忽萌野心，妄僭天位，非唯民国之叛逆，亦且清室之罪人。某困处京师，生不如死！但冀公见我书，予以极刑，较当日死于满清恶官僚之手，尤有荣耀！

袁世凯这回可真是被激怒到了"非杀此人，不足以消吾心头之恨"的地步，但外界的舆论盯得太紧，再说，演礼仪、试龙袍在亟，节骨眼上，别败坏了自家的兴致，姑且饶他不死，多活几天吧。心平气和了，袁世凯的姿态摆得蛮高，以满不在乎的语气说:"彼一疯子,我何必与之认真也!"

章太炎在雪亮的剃刀下任意旋转头颈,不怕割断喉咙,真是好胆色,寻常的读书人哪有这份专捋死神之虎须的神勇?鲁迅在其回忆文章《关于太炎先生二三事》中由衷地赞叹道:

> 考其生平,以大勋章作扇坠,临总统府之门,大诟袁世凯包藏祸心者,并世无第二人;七被追捕,三入牢狱,而革命之志,终不屈挠者,并世亦无第二人;这才是先哲的精神,后生的楷范。

当年(1906年),章太炎从上海西牢获释后,即东渡日本,在东京留学生欢迎会上讲过一段"疯"话:"大凡非常可怪的议论,不是神经病人,断不能想,就能想也不敢说。说了以后,遇着艰难困苦的时候,不是神经病人,断不能百折不回,孤行己意。所以古来有大学问成大事业的人,必得有神经病才能做到!……为这缘故,兄弟承认自己有神经病,也愿诸位同志,人人个个,都有一两分的神经病。近来有人传说,某某是有神经病,某某也是有神经病,兄弟看来,不怕有神经病,只怕富贵利禄当面现形的时候,那神经病立刻好了,这才是要不得呢！略高一点的人，富贵利禄的补剂，虽不能治他的神经病，那艰难困苦的毒剂，还是可以治得的。这总是脚跟不稳，不能成就甚么气候。"演讲将毕，他大声疾呼："（我）要把我的神经病质，传染诸君，传染与四万万人！"听了这番话，你就不难明白了，章太炎口口声声自称为"章神经"，纯属自鸣得意，决非自贬或自嘲。

中国历史几千年来，无论是奴隶社会，还是封建专制社会，始终罗网严密，又何曾有几人是真狂和佯狂的？殷人箕子佯狂为奴，那是为了逃避殷纣王的屠刀，保命要紧，不如此不行；楚人陆通佯狂，遇到潦倒落魄的孔子，出于规劝之意，唱了一首《凤歌》，身逢乱世，他的高招也无非是独善其身；魏、晋时期的"竹林七贤"个个佯狂，他们不拘礼法，酗酒，打铁，吃寒石散，耍青白眼，袒卧在邻家美女的酒垆旁打鼾，追求姑妈家的丫环，诸如此类，均为玩世不恭。唯一的亮点是嵇康，他敢于"非汤武而薄周孔"，最终弹奏一曲《广陵散》，不知其他六贤是否到场掩面而哭，就被司马氏摘去了大好头颅。唐代的处士刘叉佯狂，只不过"野夫怒向不平处，磨损心中万古刀"，多半还是吞口唾沫忍了。宋代程、朱理学盛兴，能够孕育狂士的特异子宫愈加不可多得。元代的王冕倒骑青牛归隐九里山后，兴起时画画梅花，能保住节操而不曾饿死已属万幸，哪里还狂得起来？明朝大才子徐渭无缘无故将无辜的老婆当柴劈了（这一点与当代诗人顾城有惊人的相似之处），那是真狂，病得可不轻，后来又豁然而愈，不再磨刀，大家便原谅了他的凶行。倒是明代思想家李贽仿佛嵇康再世，敢说孔子"无学无术"，反对"咸以孔子之是非为是非"，至于"存天理，灭人欲"的宋明理学，在他眼里简直不值一哂。李贽崇尚"童心"，实为率真。他七十六岁在狱中以剃刀自杀，出于绝望，并非出于疯狂。他在致周思敬的信中已表明了自己不愿苟活于人世的心情："今年不死，明年不死，年年等死，等不出死，反等出祸。然而祸来又不即来，等死又不即死，真令人叹尘世苦海之难逃也。可如何！"当时的正统人士评判李贽，绝对视他为专持异端的狂徒。到了清末民初，世道凌夷（衰败，走下坡路），风云际会，佯狂之士陡然增多，与章太炎同时代的"革命和尚"苏曼殊是癫的，"三副热泪"不离身的诗人易顺鼎是癫的，狂饮苦茶而伤身的黄侃（章太炎的高足）也是癫的，但他们都是为情而癫，唯有章太炎和投海自杀的陈天华为政治而狂。

对那些看不顺眼的政客和军棍子，章太炎总是疾言厉色，恨不得将对方的耳朵拧下来，炒一碟香喷喷的下酒菜。北洋旧官僚孙岳带着厚礼登门拜访，三句话不对谱序，章太炎便以杖击地，怒骂对方是"北洋派鹰犬"，将茶杯狠狠地掼过去。那位孙大人平日作威作福惯了，这回却如同小鬼遇金刚，哪敢抗颜顶嘴？赶紧抱头鼠窜，只恨爹娘生的腿短。章太炎不怕孙文、袁世凯，自然也不会怕远不如孙、袁二人的蒋介石，他在《自定年谱》中言之凿凿地直指蒋介石为杀害陶成章的凶手，他对蒋介石的评价是"天性阴鸷，反颜最速"，无情无义，专事践踏民主和自由。蒋介石宣布废除五色旗，代之以青天白日旗，大力推行"以党治国"的方针，章太炎对此更是愤然怒骂："今之拔去五色旗，宣言以党治国者，皆背叛民国之贼也！"他自称为"中华民国遗民"，对蒋介石的种种倒行逆施决不宽贷，或痛斥之，或怒骂之，这自然会惹火烧身。1927年，国民党上海特别市党部签发"通缉学阀章炳麟"令，翌年，再次呈请中央"通缉反动分子章炳麟"，想借此强硬手段锉掉章太炎的锋芒，他们完全打错了算盘。

章太炎首如飞蓬，不衫不履，好留长指甲，最怕沐浴，有"邋遢相公"王安石的遗风，吃菜只及眼前一二盘；携酒食祭祖，竟莫辨坟茔之所在，唯有望山遥拜而已；最绝的是，出门即找不着归路，还抢白车夫："我是章太炎，人称章疯子，上海人个个都知道我的住处，你难道不知道吗？"有一次，他误入邻家少妇的卧室，据榻而眠，鼾声大作，被人唤醒，他还生气地说:"我睡得正熟,你们何苦扰人清梦?"阮籍卧于当垆少妇之侧,饱闻酒香,颇为满足,有意为之,引人艳羡;章太炎则是无意间摆了个乌龙,令人发笑。

日本作家芥川龙之介曾访问过章太炎,他的印象记颇能传神写照:

> 他的相貌,实在不算堂皇,皮色差不多是黢黑的,髭须稀少得可怜,前额突兀地耸起,也几乎要把它视作瘤子,可是只有那副丝一般的细眼,唯独这双在上品的眼镜背后也总冷然的、总是微笑的眼睛,确是与众不同。就为了这双眼睛,袁世凯曾将先生囚禁于图圄之中,同时又因为这双眼睛,虽曾把先生囚禁而终于未能加害。……章太炎接二连三地摇着长指甲的手,滔滔不绝地陈述他燃犀烛怪的见解,而我呢?只是觉得寒冷。

章太炎烟瘾大,酒量尤其惊人,曾与兴中会七十余人宴集,每人敬他一杯酒,他来者不拒,居然未醉。他持论偏激,行为怪诞,的确不愧为"民国之祢衡"。他自称"章神经",颇有自知之明。早年在日本,东京警视厅让他填写一份户口调查表,原是例行公事,章太炎却十分不满,所填各项为:"职业——圣人；出身——私生子；年龄——万寿无疆。"这与另一位洋傲哥的表现有异曲同工之妙。那人是谁？是英国唯美主义文学大师王尔德，此公赴美演讲时，海关检查员问他有什么东西需要报关，他说："除了天才，别无他物！"真是神气非凡。章太炎精研佛学，青年时期曾想去印度出家，可惜川资困竭，徒有愿心而无法成行。晚年，他托杜致远代营葬地，信中说："故诚意伯刘公（伯温），则乡之令望，而中国之元勋也，平生慕之久矣。虽才非先哲，而事业志行，仿佛二三，见贤思齐，亦我素志。人寿几何，墓木将拱，欲速营葬地，与刘公冢墓相连，以申九原之慕，亦犹张苍水（明末爱国将领张煌言）从鄂王（岳飞）而葬也。君既生长其乡，愿为我求一地，不论风水，但愿地稍高敞，近于刘氏之兆而已。"他对明朝那位怀忧而死的大智者刘伯温（刘基）动了惺惺相惜之心，选择如此高明的芳邻，想必做鬼也不会寂寞。他用小篆体自书"章太炎之墓"五字，身后事交代得如此具体，亦非常人能及。

1936年6月14日，章太炎因鼻癌逝世，国民政府为他特颁国葬令，适逢抗战军兴，丧事被耽搁下来，后来经费支绌，竟成一纸空文。他的灵柩初置苏州家园中，二十年后（1955年）迁葬至西湖边南屏山麓荔枝峰下，西侧不远处即张苍水的墓地，有此先贤先烈作伴，他的夙愿总算达成了。至于"文革"之初，他的墓地被造反的红卫兵挖开，尸骸被拖出楠棺，抛弃荒野，任由腐变，则无论如何都不是他所能料想得到的。

谁说章太炎疯癫？他一点也不糊涂，心思可真够绵密的啊！去世之日，他留下遗言："设有异族入主中夏，世世子孙毋食其官禄。"1936年，日寇侵华的狼虎之心尽人皆知，章太炎的民族气节至死不灭，确实令人敬佩。细想来，真正疯狂的并不是章太炎，而是他去世后三十年出现的那些邪恶无知之徒，1966年秋，他们对章太炎的墓地猛挥镐头，掘墓暴尸，并将墓地辟为菜圃。倘若先贤地下有灵，对于这样的不肖子孙，又当如何失望呢？

曾有人问章太炎："先生的学问是经学第一，还是史学第一？"他朗笑三声，答道："实不相瞒，我是医学第一。"你肯定以为他又耍骄狂，殊不知，他真还著过《霍乱论》和《猝病新论》，并非街头卖狗皮膏药的那号混混儿。1925年春，孙中山患晚期肝癌，在北京卧床不起，西医束手无策，章太炎仁心大发，开出一张药方，让但焘转致，可是大家听说药方是章疯子开的，反而不敢用。

章太炎三十四岁丧偶，众人劝他续弦，问及他的择偶条件，他依旧疯话连篇："人之娶妻当饭吃，我之娶妻当药用。

两湖人甚佳，安徽人次之，最不适合者为北方女子，广东女子言语不通，如外国人，那是最不敢当的。"他鳏居十年后，寻思着再营家室，对女方提出三条要求：一须文理通顺，能作短篇；二须大家闺秀；三须具备服从性质，不染习气。老朋友张伯纯知其肚肠，对章太炎说，你不必操心此事，全包在我身上，名士娶妻，非淑女不宜。他果然给章太炎介绍了汤国梨，务本女校的"皇后"，不仅条件完全符合，是位顶呱呱的淑女，还比章太炎狠狠地年轻了十五岁。婚礼由蔡元培主持，大家乐不可支的是，章太炎穿反了靴子，登场时步履蹒跚，表情相当古怪。汤国梨晚年回忆自己当初的选择，对胡觉民讲过一番饶有意味的话：

> 关于章太炎，对于一个女青年来说，是有几点不合要求的：一是，其貌不扬；二是，年龄太大，他长我十五岁；三是，他太穷。可是，为了革命，在满清王朝统治时，即剪辫子，以示决绝。其硬骨头气魄和治学精神，却非庸庸碌碌者可企及，决非那些欺世盗名、祸国殃民者可比拟。并想，在结婚之后，对文学方面，向他有所讨教。无如婚后的章太炎，渐以夫权凌人。……所以太炎除老丑穷，脾气也很坏。

中国的读书人，只要脑袋未被儒家"温良恭俭让"洗成一盘空白磁带，身上或多或少总会有一点狂狷的因子。连恪守中庸之道、素性矜持的孔仲尼都说过："不得中行而与之，必也狂狷乎！狂者进取，狷者有所不为也。"（《论语·子路第十三》）具体到章太炎身上，他就走了极端，看着谁恶心了，糟眼了，想骂就骂，管你是什么狗屁皇帝，还是什么猫腻总统，也不管自己的死活。但他早算准了，自己的盛名摆在那儿，实力摆在那儿，对方要动刀来切，必然会有相当的踌躇，杀害国士这样的恶名，曹操一千多年前就不背，袁世凯自命为盖世英雄，当然也不会去冒扛鼎绝脉的危险；至于章太炎清末骂光绪，对方已是既没娘疼又没爹护的倒霉蛋，慈禧老妖婆绝对不会为他强出头，这步棋似险而不险。

章太炎肯为黎元洪撰墓志，且不吝赞词，却不肯给孙中山撰墓志，这多少有点令人费解，若算上以往的那些恩怨，又不难明白了。曾有一位纱厂老板甘愿致送万元润笔费，求章太炎写一篇揄扬其祖上功德的文字，遭到章大师的断然拒绝，毫无通融的余地，可是青帮教父、海上闻人杜月笙提出同样的请求，付出等额的润笔费，却从章太炎那儿拿获一篇《高桥杜氏祠堂记》。其喜怒莫测，好恶多变，确实让人看不太懂。

　　章太炎一生孤鲠，半世佯狂，对反动统治者极尽嬉笑怒骂之能事，胆色实非一般书生可以望其项背。他狠批龙鳞，猛跺虎尾，而大难不死，刀锋总在梗硬的脖子上凉丝丝地探来探去，那滋味可不好受。但他始终不肯缩回脖子，侧转身子，改变样子，他从未想过要自求多福，规身远避。放眼百年世道，似章太炎这样能将政治秀出顶尖水平，骨头又超级硬朗的学问家，岂非凤毛麟角！放眼后世，千人一面，个性渐灭，更是其迹如扫。或许有人会说梁漱溟堪称章太炎的一脉传人，可充其量，只是勉强够格，梁漱溟固然敢与毛泽东在千人大会上为农业政策猛顶其牛，但只知梗着脖颈一味蛮干，言行又怎及章太炎那么诙诡机智，游刃有余？

　　本文结尾再赘言几句。袁世凯的皇帝运是被他视为嫡系的"二陈汤"（陈宧、陈树藩、汤芗铭）断送的。章太炎称陈宧为"中国第一等人物"，并且大胆预言："他日亡民国者，必此人也。"他讲的"民国"当然是袁世凯治下的那个乌烟瘴气的民国。这个预言真就应验如神，正是蔡锷与陈宧的联手，使袁世凯感到彻底绝望，而且很快就绝命了。陈宧显然特别在乎章太炎的赏识，他曾对人说："太炎殁，世间无真知我陈某者。太炎真知我，我也真知太炎。彼陆建章谓得太炎一篇文字，胜过十万兵马，犹轻视太炎耳；我则谓太炎一语，足定天下之安危也。"你可以认为陈宧讲的是空话和大话，拍先人马屁惠而不费。但仔细想想，近百年来，能当此誉的人真没几个，章太炎绝对靠谱。

黄侃

七大嗜好害死人

大文学家、大艺术家、大思想家中嗜赌、好色、贪杯的不算少，他们的灵性却大大超过常人。规律只在于：嗜欲深者必多病，嗜欲深者必短命。

名师出高徒，此言不虚。章太炎是国学大师，其高足弟子黄侃（1886—1935）也是国学界超一流人物。

1906年，黄侃留学日本，就读于东京早稻田大学，巧就巧在他与章太炎租住同一幢寓所，他住楼上，章太炎住楼下。黄侃生性疏狂，不拘形迹，某日夜间，一时内急，他懒得去楼下如厕，掏出小家伙就从窗口往外浇注。章太炎正在书房用功，忽见一条"小白龙"从天而降，尿臊味扑鼻而来，他按捺不住心头的无名火，冲上露台，昂首大骂。黄侃年少气盛，岂是肯当场认错的主？他不甘示弱，也以国骂狠狠地回敬了几梭子。论冲冠怒骂的功夫，章太炎认了第二，就没人敢认第一，江湖上称之为"章疯子"，他也乐得承认自己有神经病。这下可就热闹了，棋逢对手，将遇良材，仿佛张飞斗马超，挑灯夜战，八百个回合也难分高下。别人是不打不相识，他们是不骂不相交。翌日，黄侃向房东太太打听楼下住客究竟是何方神圣，这才弄清楚状况，昨夜他冒犯的是国学大师章太炎。狂人并非没有改过之勇和服善之智，黄侃半点不含糊，当即登门道歉，诚心诚意叩首，拜章太炎为师。

章门头号大弟子

章门弟子中有"四大金刚"和"五大天王"的名目，"四大金刚"系指黄侃、钱夏（钱玄同）、汪东和吴承仕，"五大天王"系指前四人加上朱希祖，此外，章太炎的入室弟子有"北李南黄"之说，北李指山西人李亮工，南黄指湖北人黄侃，章太炎在自述中则认定"弟子成就者，蕲春黄侃季刚，归安钱夏季中，海盐朱希祖逖先"，仅列举三人。无论以上何种说法，黄侃的名字都高居第一，称他为章太炎的头号大弟子应不为错。

黄侃历任北京大学、北京女师大、武昌高师、中央大学和金陵大学等校教授。他读书多神悟，于国学堂奥无所不窥，尤善音韵训诂，诗词文章均为一时之选。在治学方面，他主张"师古而不为所囿，趋新而不失其规"，"以四海为量，以千载为心，以高明远大为贵"。他还有两句治学名言为世人所称道：其一是，"须知求业无幸致之理，与其为千万无识者所誉，宁求无为一有识者所讥。"其二是，"学问之道有五：

一曰不欺人，二曰不知者不道，三曰不背所本，四曰为后世负责，五曰不窃。"他生平圈点和批校之书多达数千卷，全都一丝不苟。他在文字、音韵、训诂方面的学问远绍汉唐，近承乾嘉，把声韵结合起来研究，从而定古声母为十九、古韵母为二十八，使"古今正变咸得其统纪，集前修之大成，发昔贤之未发"，这在汉语音韵史上是一个划时代的里程碑。黄侃批点的《十三经注疏》、《史记》、《汉书》、《新唐书》，从句读到训释，都有许多发前人所未发之处。此外，章太炎先生曾经将黄侃和李详并举，认为两人均为最杰出的《文选》学家。黄侃的《〈文心雕龙〉札记》开创了研究古典文论的风气，历史学家范文澜先生在其《文心雕龙讲疏·序》中说，"吾游学京师，从蕲州黄季刚先生治词章之学，黄先生授以《文心雕龙札记》二十余篇，精义奥旨，启发无遗。"黄侃常对人说，"学问须从困苦中来，徒恃智慧无益也"，"治学如临战阵，迎敌奋攻，岂有休时！所谓扎硬寨、打死仗，乃其正途"。黄侃生前曾对弟子刘博平说：他的诗文造诣只算"地八"（骨牌中第二大的牌），"天九"（骨牌中最大的牌）已被古人取去了。若论学问，他是决不会这么自谦的。

　　黄侃曾说："中国学问如仰山铸铜，煮海为盐，终无止境。"他满肚子学识，却慎于下笔，述而不作，这可急坏了他的恩师。

章太炎曾批评道:"人轻著书,妄也;子重著书,吝也;妄不智,吝不仁。"黄侃当即答应恩师:"年五十当著纸笔矣。"1935年3月23日,黄侃五十岁生日,章太炎特撰一联相赠,上联是"韦编三绝今知命",下联是"黄绢初裁好著书"。上下联均用典故。"韦编三绝"说的是孔子读《易》,穷研义理,致使串结竹简的牛皮筋多次磨断,以此形容黄侃五十年来读书异常勤奋,颇为贴切;"黄绢初裁"源出曹娥碑后打哑谜似的评语——"黄绢幼妇,外孙齑臼",曹操帐下头号智囊杨修破解的答案是:"黄绢,色丝也,于字为'绝';幼妇,少女也,于字为'妙';外孙,女子也,于字为'好';齑臼,受辛也,于字为'辞'。所谓'绝妙好辞'也。"章太炎运用曹娥碑的典故,希望黄侃兑现承诺,五十岁后潜心著述,写出"绝妙好辞"。谁知此联暗藏玄机,其中嵌有"绝"、"命"、"黄"三字。据黄焯《黄季刚先生年谱》所述,黄侃向来迷信谶语,接到这副寿联后,脸上骤然变色,内心"殊不怿"。果然是一联成谶,当年9月12日,黄侃因醉酒吐血,与世长辞。一代鸿儒,勉强仅得中寿,这无疑是学术界的大损失。

梁简文帝萧纲尝言:"立身之道与文章异,立身先须慎重,文章且须放荡。"黄侃却反其道而行之,他是大学者,著书极为慎重,立身却相当放荡,被人视为异数,指为怪胎,骂为淫贼，他都是不管不顾的。

狂傲怪僻不饶人

黄侃，字季刚，祖籍湖北蕲春。黄侃的父亲名云鹄，字翔云，清末曾任四川盐茶道。黄侃幼承家学，颖悟过人，七岁时即作诗句"父为盐茶令，家存淡泊风"，颇得长辈嘉许。黄云鹄为官清廉，却是个雅好诗书的痴子，他曾游四川雅安金凤寺，与寺中一位能诗的和尚酬唱甚欢，竟流连多日，耽误了正经差事。上司怫然（fúrán，生气的样子）不悦，动手参了他一本，执笔的幕僚颇为草率，也不讲明前因后果，即将这件事归纳为"流连金凤"四个字。朝廷见到奏折，不知"金凤"是寺名，误认为是妓女名，清朝严禁官员狎妓，因此黄云鹄差一点就遭到严谴。黄侃十三岁失怙，但父亲身上的那份"痴"，他不仅继承了，而且还将它发扬为"癫"，光大为"狂"。

1903年，黄侃考入武昌文华普通中学堂，与田桐、董必武、宋教仁等为同窗好友。他们议论时政，抨击当局，宣传民族革命思想，因此被学堂开除学籍。黄侃为寻出路，即以故人之子的身份前往湖广总督府拜见张之洞，接谈之后，张之洞赏识黄侃的才学，念及与故友黄云鹄的交谊，他顺水推舟，动用官费资助黄侃留学日本。

1906年，黄侃在东瀛加入中国同盟会，随后在《民报》上发表《哀贫民》、《哀太平天国》等一系列文章，鼓吹民族革命，扬言"借使皇天右汉，俾其克绩旧服，斯为吾曹莫大之欣"，这话的意思是：倘若上天看重大汉民族，使它光复神州，恢复旧装，那就是我们莫大的欣喜了。他在《哀贫民》一文中，描述了家乡农民受尽盘剥压榨，过着"羹无盐，烧无薪，宵无灯火，冬夜无衾"的悲惨生活，对穷苦大众寄予深深的同情。他大胆地提出，必须革命，才能根治贫富不均的症结。

1907年，黄侃在《民报》第十八号上发表《论立宪党人与中国国民道德前途之关系》一文，历数立宪党人"好名""竞利"等病状，揭露他们佯为立宪，"无非希冀权位，醉心利禄而已矣"。政治上的腐败势必导致国民道德的整体堕落。同期，黄侃还以"运甓"的笔名发表《释侠》一文，咬文嚼字是其特长，他别出心裁，在诠释"侠"字时用上了看家本领：

"侠"者，其途径狭隘者也。救民之道，亦云众矣，独取诸暗杀，道不亦狭隘乎？夫孤身赴敌，则逸于群众之揭竿；忽得渠魁，则速于军旅之战伐。术不必受自他人，而谋不必咨之朋友。专心壹志，所谋者一事；左右伺候，所欲得者一人。其狭隘固矣，而其效或致震动天下，则何狭隘之足恤乎？

黄侃视革命党的勇士为拯救群生的大侠，特作此文，为他们的暗杀行为正名。他斥立宪党人"畏死"，赞革命党人有"敢死之气，尚义之风"。黄侃非常鄙视那些在易水之湄挥泪送别荆轲的燕客庸流，在同时期的《感遇》诗中，他嘲笑彼辈"徒工白衣吊"。

1910年，黄侃回国，他前往鄂皖边区，将孝义会改组为"崇汉会"，他发动会员，演讲民族大义，听众多达千余人。他还走遍鄂东蕲春、黄梅、广济、浠水、英山、麻城以及皖西宿松、太湖等两省八县的穷乡僻壤，将革命道理直接灌输给民众，显露出非凡的领袖气质，被人尊称为"黄十公子"。

1911年7月，黄侃针对当时改良派提出的"和平改革方案"，他奋笔疾书，为《大江报》撰写了题为《大乱者，救中国之妙药也》的时评，署名"奇谈"。此文见报后，一纸风行，清廷震惧，《大江报》被查封，社长詹大悲及主笔何海鸣被捕入狱。詹大悲是条汉子，他将罪名全部扛下，黄侃得以脱险。

侠气总是与官气相冲突，民国之后，黄侃"自度不能与时俗谐，不肯求仕宦"，"一意学术，退然不与世竞"，由于愤世嫉俗，黄侃回归书斋，不复参与政治活动，也不喜欢谈论自己的革命经历。多年后，他的入室弟子潘重规尝试揭开谜底："他认为出生入死，献身革命，乃国民天职。因此他觉得过去一切牺牲，没有丝毫值得骄傲；甚至革命成功以后，不能出民水火，还感到深重罪疚。他没有感觉到对革命的光荣，只感觉到对革命的惭愧。恐怕这就是他终身不言革命往事的原因吧！"事实上，还有另外一面。他的诗句"功名如脱屣，意气本凌云"（《怀陈君》）当然好，"文章供覆酱，时世值烧书"（《戏题〈文心雕龙札记〉尾》），"此日穷途士，当年游侠人"（《效庾子山〈咏怀〉》）则透露出满腹牢骚。

世间狂傲不分家，有的人狂在心底，傲在骨中，并不见于辞色；有的人则狂在口头，傲在脸上，时时溢于言表。黄侃是后者无疑，"睥睨调笑，行止不甚就绳墨"（章太炎《黄季刚墓志铭》），"常被酒议论风发，评骘当世士，无称意者"（汪东《蕲春黄君墓表》），其狂傲总是一触即发。章太炎赞黄侃有魏晋之风，大抵是不错的。

在日本东京时，章太炎主持《民报》，常有客人访晤，某日，来者是陈独秀,黄侃与钱夏(钱玄同)到邻室回避。主客谈起清朝汉学的发达,列举戴震、段玉裁等朴学名家,多出于安徽和江苏一带,陈独秀提到湖北没有出过什么大学者,章太炎也敷衍着认同。这话可就惹恼了听壁角的黄侃,他大声抗议道:"湖北固然没有学者,然而这不就是区区,安徽固然多有学者,然而这也未必就是足下!"此言咄咄逼人,火药味十足,章太炎闻之尴尬,陈独秀则闻之窘迫,主客谈兴索然,随即拱手作别。

清朝灭亡后,黄侃一度为直隶都督赵秉钧所强邀,出任秘书长。1915年,章太炎被袁世凯幽禁在北京钱粮胡同徐家宅院内,黄侃立刻晋京探望,遂以"研究学问"为名,入侍恩师。其时,"筹安会"大肆鼓吹帝制,刘师培在北京召聚学术界名流,胁迫众人拥戴袁氏称帝,话才讲到一半,黄侃即瞋目而起,严词峻拒,他说:"如是,请刘先生一身任之!"当即拂袖而退,到会的饱学之士也随之散尽。

黄侃素性狂傲,视尊荣为敝屣,从不趋炎附势。国民党在南京执政后,其同盟会故友多据要津,他耻与往来。居正当时被蒋介石软禁,困苦万端,无人顾惜,唯独黄侃念及旧情,常至囚地,与居正聊天解闷。后来居正东山再起,一朝显达,黄侃便不再出入居正之门。居正觉得奇怪,亲赴量守庐(黄侃的书房名）诘问黄侃,为何中断往来。黄侃正色回答道:"君今非昔比,宾客盈门,权重位高,我岂能作攀附之徒!"

明代文人张岱尝言:"人无癖,不可与交,以其无深情也;人无疵,不可与交,以其无真气也。"黄侃有深情,有真气,其"癖"与"疵"也就非比寻常。关于他的传闻极多,以至于真假莫辨。他年轻时,拜访过文坛领袖王闿运,后者对黄侃的诗文激赏有加,不禁夸赞道:"你年方弱冠就已文采斐然,我儿子与你年纪相当,却还一窍不通,真是㹠犬啊!"黄侃听罢美言,狂性立刻发作,他说:"您老先生尚且不通,更何况您的儿子。"王闿运崇尚魏晋风度,对这句刺耳的话嘿嘿带过,并未计较。

当年,北大的第一怪物是辜鸿铭,第二怪物就是黄侃。黄侃在北大教书,课堂之上,他讲到要紧的地方,有时会突然停下来,对学生说,这段古书后面隐藏着一个极大的秘密,对不起,专靠北大这几百块钱薪水,我还不能讲,你们要叫我讲,得另外请我吃馆子。最绝的是,他与陈汉章同为北大国学门教授,两人"言小学不相中,至欲以刀杖相决",就是说他们切磋学问一言不合,差点就打得头破血流。

在北大,黄侃恃才傲物,几乎骂遍同列,连师弟钱玄同也不放过。有一次,他在课堂上忽作惊人之语:"你们知道钱某的一册文字学讲义从何而来？盖由余溲一泡尿得来也。"他的一面之词是：早年在日本留学，师兄弟之间常来常往。有一天，钱玄同到黄宅闲谈，中间黄侃上了一趟洗手间，回来后，发现一册笔记不翼而飞了。这事钱玄同打死不认账。黄侃去世后，《立报》记者据此线索写成《钱玄同讲义是他一泡尿》的奇文，周作人读了，觉得不可思议，将它寄给钱玄同。受到这样大的诋毁，钱玄同却拿出海量，居然为死者圆谎："披翁（黄侃别号披肩公）逸事颇有趣，我也觉得这不是伪造的。虽然有些不甚符合，总也是事出有因吧。例如他说拙著是趁他撒尿时偷他的笔记所造成的，我知道他的意思是我拜了他的门得到的。夫拜门之与撒尿，盖亦差不多的说法也。"钱玄同肯作这样的急转弯，足以说明他对黄侃的学问是佩服的。

钱玄同与黄侃分处于激进和守旧两个截然不同的阵营，抵牾和磨擦在所难免。钱玄同曾在《新青年》上发表通信，对黄侃的一阕词横加挑剔："故国颓阳，坏宫芳草"有点像遗老的口吻，"何年翠辇重归"似乎有希望复辟的意思。诗无达诂，词当然也是如此，钱玄同的理解未必正确，尽管他声明词作者并非遗老遗少，而是同盟会的老革命党，但他又点明这首词中的思想总与黄侃昔日的行动自相矛盾。黄侃本就对钱玄同痛骂推崇和研究《昭明文选》的人为"选学妖孽"十分愤怒,因为他精研《昭明文选》,用功极深,这把火一烧,自然更加怒不可遏。他撰文要骂的就不只是钱玄同,还包括极力提倡国语文学的胡适、陈独秀:

> 今世妄人,耻其不学。己既生而无目,遂乃憎人之明;己则陷于横溷,因复援人入水;谓文以不典为宗,词以通俗为贵;假于殊俗之论,以陵前古之师;无愧无惭,如羹如沸。此真庾子山所以为"驴鸣狗吠",颜介所以为"强事饰词"者也。

其实,黄侃并非目无余子,他与刘师培政见不合,但对这位国学大师始终以礼相待。别人问黄侃何故对刘师培尊敬有加,他回答道:"因为他与本师太炎先生交情很深。"当时,章太炎、刘师培、黄侃三人常在一起切磋学问,然而每次谈到经学,只要黄侃在场,刘师培就三缄其口,黄侃很快就猜透了对方的心思。有一次,刘师培感叹自己生平没有资质优秀的弟子堪当传人,黄侃立即朗声问道:"我来做你的关门弟子如何?"刘师培以为黄侃只是开个玩笑,便说:"你自有名师,岂能相屈?"黄侃正色相告:"只要你不认为我有辱门墙，我就执弟子礼。"第二天，黄侃果然用红纸封了十块大洋，前往刘家磕头拜师，刘师培当仁不让，欣然受礼，他说："我今天就不再谦让了。"黄侃乃是"老子天下第一"的人物，且只比刘师培小两岁，却肯拜其为师，这说明，在学问上，他的狂傲并非不分场合，不择对象。后来，大学者杨树达要杨伯峻（古文史学家）拜黄侃为师，杨伯峻只肯送赘敬，不肯磕头，杨树达说："不磕头，得不了真本事。"杨伯峻不得已，只好磕头如仪。拜师完毕，黄侃笑道："我的学问也是从磕头得来的，你不要觉得受了莫大委屈。"

  周作人曾说黄侃的脾气乖僻"和他的学问成正比"，一点也不错。黄侃从不迷信同时代的权威，他在1926年的日记中批评王国维有失而不改，这段文字很不客气："国维少不好读注疏，中年乃治经，仓皇立说，挟其辩给，以炫耀后生，非独一事之误而已……要之经史正文忽略不讲，而希冀发见新知以掩前古儒先，自矜曰：'我不为古人奴，六经注我。'此近日风气所趋，世或以整理国故之名予之，悬牛头，卖马脯，举秀才，不知书，信在于今矣。"在自己的专业范畴内，黄侃就如一位天尊，尤其不耐烦听歪嘴和尚胡乱念经。有一次，马寅初向黄侃请教《说文解字》，先谈了些个人心得，黄侃听了，不置一词，马寅初要他评点一番，于是他轻松打发："你还是去弄经济吧,小学谈何容易,说了你也不懂!"马寅初被黄侃这句话噎得够呛。

1927年后,黄侃任教于南京中央大学,绰号为"三不来教授",即"下雨不来,降雪不来,刮风不来",这是他与校方的约定,真够牛气的。每逢老天爷欲雨未雨、欲雪未雪时,学生便猜测黄侃会不会来上课,有人戏言"今天天气黄不到",往往是戏言成真。

黄侃自号"量守居士",书斋名为"量守庐",典出陶渊明诗:"量力守故辙,岂不寒与饥?知音苟不存,已矣何所悲。"量力守故辙也就是量力守法度,黄侃性格怪异,为人不拘细行琐德,治学却恪依师法,不敢失尺寸,见人持论不合古义,即瞠目而视,不与对方交谈。黄侃读书尤其精心,有始有终,见人读书半途而废,他会露出不悦之色,责备对方"杀书头"。最绝的是,他临终之际,《唐文粹续编》尚有一卷没有读完,他吐着血,叹息道:"我平生骂人杀书头,毋令人骂我也。"

黄侃讲课,总是信马由缰,未入门者,不得要领;已入门者,则觉胜义纷呈。他治学,贵发明,不贵发现,因此听其讲学,常有新鲜感。冯友兰在《三松堂自述》中提及过黄侃讲课的独到之处:"黄侃善于念书念文章,他讲完一篇文章或一首诗,就高声念一遍,听起来抑扬顿挫,很好听。他念的时候，下面的观众都高声跟着念，当时称为'黄调'。当时的宿舍里，到晚上各处都可以听到'黄调'。"黄调与《广韵》吻合，不差毫厘，自是古味十足。

章太炎喜欢骂人，黄侃也喜欢骂人，章太炎专骂大官僚大军阀大党棍，黄侃则多半骂同行学者，连同门师兄弟钱玄同和吴承仕也不放过，令人不可思议的是，他竟然与拉黄包车的车夫对骂，也不觉得自降身份，只要纾解心头之忿，得到骂人的趣味即可。还有一宗，章太炎认为胡适的学问不行，黄侃也认为胡适的学问不行，真是有其师必有其徒。

某次，黄侃与胡适同赴宴会，胡适偶尔谈及墨子的学说，兼爱非攻，一路往下讲，有很高的兴致。孰料黄侃听得不耐烦，即席骂道："现在讲墨学的人，都是些混账王八！"胡适闻此喝斥，满脸怒色杂羞色。停顿少顷，黄侃又补骂一句："便是适之的尊翁，也是混账王八。"胡适大怒，眼看就要动武了。黄侃见状，仰天打出一串哈哈，他说："且息怒，我在试试你。墨子兼爱，是无父也。你有父，何足以谈论墨学？我不是骂你，不过聊试之耳！"此言一出，举座哗然而笑，胡适的怒气也就无从发作了。

黄侃崇尚文言文，反对白话文。他赞美文言文的高明，只举一例："假如胡适的太太死了，他的家人用白话文发电报，必云:'你的太太死了!赶快回来啊!'长达十一字。而用文言则仅需'妻丧速归'四字即可,只电报费就可省三分之二。"对于这样一条近虐之谑,胡适后来作出了回应,他不是为自己出头,而是为白话文出头。他对上课的学生说:"行政院请我去做官,我决定不去,请诸位代我拟一份文言复电。"结果最省简的一份用了十二个字:"才疏学浅,恐难胜任,不堪从命。"胡适拟定的白话电文稿却只有区区五个字:"干不了,谢谢!"

有一次,黄侃对胡适说:"你提倡白话文,不是真心实意!"胡适问他何出此言。黄侃正色回答道:"你要是真心实意提倡白话文,就不应该名叫'胡适',而应该名叫'到哪里去'。"此言一出,他仰天打三个哈哈,胡适则气得脸都白了。

胡适著书,有始无终,他的《中国哲学史大纲》仅成上半部,下半部付之阙如。黄侃在中央大学课堂上调侃道:"昔日谢灵运为秘书监,今日胡适可谓著作监矣。"学生不解其意,问他何出此言?黄侃的回答颇为阴损:"监者,太监也。太监者,下部没有了也。"学生这才听明白他是讽刺胡适的著作没有下部,遂传为笑谈。

黄侃的脾气古怪到什么程度?有一事可以说明。他借住过师弟吴承仕的房子，在此期间，他贫病交加，儿子又早殇，感到晦气缠身，他左思右想，认定居处不祥。既然信风水，搬走就得了，可他偏偏要留下纪念，用毛笔蘸浓墨在房梁上挥写"天下第一凶宅"，又在墙壁上画满带"鬼"字旁（诸如"魑魅魍魉魃魈"之类）的大字，弄得阴森森满室鬼气，他才掷笔而去。

陈独秀曾被黄侃当面或背后恶声恶气地痛骂过多次，但这位火爆脾性的青年领袖居然雍容大度，1920年，陈独秀在武汉高师演讲时，感叹道："黄侃学术渊邃，惜不为吾党用！"其服膺之情溢于言表。当年，大学生每届毕业，照例要印制精美的同学录，将师生的写真、履历汇为一集。印刷费用不菲，通常都由教授捐助资金。唯独黄侃对这种常例不以为然，他既不照相，又不捐钱，待到同学录印出，学校一视同仁，照样送给黄侃一册，留作纪念。黄侃收下册子，却将它丢入河中，忿然骂道："一帮蠢货，请饮臭水！"北大的另一位怪物辜鸿铭则与黄侃的做法不同，学生找他索要照片，刊于同学录，他同样感到生气，他说："我不是娼妓者流，何用照片？你们要是不吝惜经费，何不铸一座铜像作为纪念？"他这句话足可令阮囊羞涩的学生退避三舍。

七大嗜好都是催命符

2001年8月,经两代学人整理的《黄侃日记》由江苏教育出版社印行问世。这无疑是黄侃二十二年(1913年6月20日——1935年10月7日)私生活的真实写照,有趣的是,关于黄侃的许多传闻都在这部八十多万字的《日记》中得到了证实。

大胆狂人就一定是不怕天地鬼神的人吗?答案是否定的。清代著名学者汪中喜欢骂人,对同时代身负盛名的角色必讥弹其失,这一点他可以做黄侃的祖师爷。汪中生平有三憾三畏。他的三憾是:"一憾造物生人,必衣食而始生,生又不到百年而即死;二憾身无双翼,不能翱翔九霄,足无四蹄,不能驰骋千里;三憾古人唯有著述流传,不能以精灵相晤对。"他的三畏是:"一畏雷电,二畏鸡鸣,三喂妇人诟谇(suì,斥责)声。"为何如此?则不得而知。古今往往相映成趣,刘成禺在《世载堂杂忆·纪黄季刚趣事》中写道:"黄季刚侃平生有三怕:一怕兵,二怕狗,三怕雷",其中怕雷则与汪中暗合。每闻霹雳,黄侃就会怕到"蜷踞桌下"的地步。这段文字极有趣,不可不引用在此,与读者共享其乐:

黄季刚侃平生有三怕：一怕兵，二怕狗，三怕雷。其怕兵也，闻日本兵舰来下关，季刚仓皇失措，尽室出走，委其书稿杂物于学生某，某乃囊括其重物以去。季刚诉诸予，且曰："宁失物，不敢见兵。"在武昌居黄土坡，放哨兵游弋街上，季刚惧不敢出，停教授课七日。其怕狗也，在武昌，友人请宴，季刚乘车至，狗在门，逐季刚狂吠，急命还车回家，主人复牵狗来，寻季刚，约系狗于室外，始与主人往。其怕雷也，十年前四川何奎元，邀宴长洲寓庐，吾辈皆往。季刚与人争论音韵，击案怒辩，忽来巨雷，震屋欲动，季刚不知何往，寻之，则蜷踞桌下。咸曰："何前之耻居人后，而今之甘居人下也？"季刚摇手曰："迅雷风烈必变！"未几又大雷电，季刚终蜷伏不动矣。

有些读者可能不会相信这样的描写，但从《黄侃日记》中求证，怕雷、怕兵、怕狗之说并非杜撰，全是千真万确的。黄侃还交代了他怕雷的原因，主要是受了《论衡·雷虚》和地文学书籍的影响，因而落下了心悸的病根。读《黄侃日记》，我们会发现他的嗜好特别多，这位天才学者英年早逝与此大有关系。总结起来,除开买书、读书外,黄侃还有七大嗜好。

黄侃的第一大嗜好是美色。爱美之心人皆有之,黄侃在这方面经常逾越人伦,颇遭物议,受到外界的诟病和攻讦。据说,他一生结婚达九次之多。当年,刊物上曾有"黄侃文章走天下,好色之甚,非吾母,非吾女,可妻也"的极端攻讦。黄侃的发妻是王氏,两人聚少离多。他当过同乡、同族女子黄绍兰的塾师,后来,黄绍兰从北京女师肄业,去上海开办博文女校,黄侃便到上海追求她。发妻尚未下堂,黄侃心生一计,骗取黄绍兰与他办理结婚证书,男方用的是李某某的假名。黄侃的解释是:"因你也明知我家有发妻。如用我真名,则我犯重婚罪。同时你明知故犯,也不能不负责任。"谁知好景不长,黄侃回北京女师大教书,与一苏州籍的彭姓女学生秘密结合,此事被黄绍兰的好友侦知。黄绍兰闻讯,欲哭无泪,婚书上男方的姓名不真,又如何对簿公堂?更可悲的是,她与黄侃生有一女,其父恨她辱没家风,一怒之下,与她断绝父女关系。黄绍兰后来投在章太炎门下,深得章夫人汤国梨的同情,她摆脱不了黄侃给她心灵投下的巨幅阴影,终于还是疯掉了,而且自缢身亡。汤国梨在《太炎先生轶事简述》一文中公开表明她看不惯黄侃极不检点的私生活,骂他"有文无行,为人所不齿",是"无耻之尤的衣冠禽兽"。

黄侃在武昌高师任教时，武昌女师学生黄菊英与他的大女儿同年级，常到黄家串门，以伯叔之礼事黄侃，黄侃对这位女学生也非常友善。就这样日久生情，黄侃终于对黄菊英痛下摧花辣手，此事传遍武汉学界，顿时成为丑闻。黄侃何曾怕过别人骂他伤风败俗？他居然要学生收集骂他的小报，以供蜜月消遣。他填了一阕《采桑子》的词给黄菊英，可谓十二分深情：

今生未必重相见，遥计他生，谁信他生？缥缈缠绵一种情。

当时留恋成何济？知有飘零，毕竟飘零，便是飘零也感卿。

黄菊英反复默诵这阕词，泪眼婆娑，大受感动。她认定"嫁为名士妻，修到才子妇"是人生莫大的幸福，便毅然脱离家庭，与黄侃结为夫妻。

痴情人多半也是孝子，黄侃对白发老母极为孝顺，每次他母亲从北京回老家蕲春，或是由蕲春来到北京，他都要一路陪同。好笑的是，老母亲舍得下儿子，却离不开一具寿材，黄侃居然也依从老母的心意，不厌其烦，千里迢迢带着寿材旅行。这真是旷世奇闻！试问,何处买不到一口像样的寿材？只是黄母的寿材别具一格,上面有黄侃父亲黄云鹄老先生亲笔题写的铭文,自然是人间绝品,无可替代。黄母去世后,黄侃遵依古礼,服孝三年,他还请苏曼殊为他画了一幅《梦谒母坟图》,他自己写记,请章太炎写跋,这幅画即成为他的随身宝物,至死不离左右。

章太炎对这位大弟子身上的各种毛病（尤其是藐视道德的行为）均表示出足够的宽容和理解,他认为黄侃酷似魏晋时代"竹林七贤"中阮籍那样放荡不羁的人物,不管他如何蔑视礼法,逃脱责任,毕竟丧母时呕血数升,仍是纯孝之人,内心是善良的,并非残忍之徒。

黄侃的第二大嗜好是佳肴。黄侃"食不厌精,脍不厌细",是个实打实的美食家。川菜、粤菜、闽菜、苏菜、苏州船菜、回回菜、湘菜、东洋菜、法国菜、俄国菜、德国菜,他都要一饱口福。1915年,他的恩师章太炎触怒袁世凯,被软禁在北京钱粮胡同的一所徐姓大宅中,黄侃前往陪住,顺便将中国文学史中的若干问题向章太炎请教。章氏向来不重口腹之欲,饭菜很不讲究,厨子手艺差,菜式单调,黄侃举箸难下,根本吃不消,于是他怂恿章太炎换了个四川厨子。哪知这样一来,他无意间得罪了那位假扮厨子的警察（此公贪冒伙食费,恨黄侃断其财路),没多久就被对方扫地出门。黄侃是大教授,月薪很高,频繁出入茶楼酒肆,不算什么难题,居家他也自奉颇丰,"每食,有不适口,辄命更作,或一食至三、四更作,或改作之后,仅食三数口而已。于是事其事者甚劳,而夫人苦矣。"(王森然《黄侃先生评传》)毫不夸张地说,北京、上海、南京、太原、苏州、武昌、成都等地的著名酒楼,他都上过,多半是教育界朋友的雅聚,喝醉的次数还真不少。黄侃对待美食亦如对待美人,说不出一个冷冰冰拒之千里的"不"字。黄侃为了满足口腹之欲,有时甚至甘愿装"哑巴"。据刘禺生《世载堂杂忆》所记:"季刚闻某物未尝新者,必设法致之,多与则饱飏,必时时请求,则深自卑抑。一日,有制熊掌、蛇羹、八珍延客者,主人则经其痛骂者也。所设皆未曾入口者之品,季刚乃问计于予,且自陈由入席至终席,不发一言。予商之筵主,因延季刚,果尽日陪坐,讷讷如不出诸口者。人皆谓季刚善变,不知其有所欲也。"饮食无度的结果与纵欲无度差不多,美色是伐性之斧,美食是腐肠之药,二者失度都会伤身。

黄侃的第三大嗜好是饮酒。黄侃的弟子和侄儿黄焯曾在回忆文章中说,黄侃"每餐豪饮,半斤为量"。黄侃对酒不挑剔,黄酒、茅台酒、白兰地,他爱喝;糟醴、麦酒、啤酒,他也能将就。喝到"大醉""醉甚""醉卧"不算稀奇。稀奇的倒是,黄侃居然劝别人喝酒要节制。有一次北大教授林损(公铎)"自温州至,下火车时以过醉坠于地,伤胸,状至狼跋",黄侃认为"似此纵酒,宜讽谏者也",醉猫劝醉猫,少喝三两杯,此事真令人绝倒。因为杯中之物,黄侃与三任妻子都闹得不可开交,黄侃在别的嗜好方面常生悔意,唯独饮酒,他从不自咎,反而将妻子视为自己的"附疽之痛",夫妻情分因此坠落谷底。"一手持蟹螯,一手持酒杯,便足了一生",名士习气,黄侃多有沾染,他辞世前偕友登北极阁、鸡鸣寺,持蟹赏菊,饮巨量之酒,致使胃血管破裂,吐血身亡。这项嗜好最终夺去了他的性命。

黄侃的第四大嗜好是喝浓茶。王森然先生在《黄侃先生评传》中作过描述:"其茶极浓,几黑如漆,工作之先,狂饮之,未几又饮之,屡屡饮之,而精气激发,终日不匮矣。"功夫茶也算不了什么,他好饮苦茶,简直就是把苦茶当成了兴奋剂,害处不言自明。

黄侃的第五大嗜好是下围棋。黄侃对黑白世界颇为痴迷,他在《日记》中多处写下"手谈至夜","手谈殊乐",尤其是在1922年4月8日至5月4日所写的《六祝斋日记》中,不足一月时间,有关下围棋的记录即多达十三处。下围棋须耗费大量心力，黄侃不肯轻易罢手，经常自晡（bū，申时，即下午三点到五点的时间）达晓，通宵彻夜地干。以他的虚弱体质，从事此项游戏，除了透支精气神，别无他法。

黄侃的第六大嗜好是打麻将。黄侃从不讳言自己既有赌性又有赌运。在1922年1月15日的日记中，黄侃写了一句"日事蒱博而废诵读"。他在打麻将方面颇为自得，颇为自负。其实，牌技也就一般。客观地说，他的赌兴够豪，可以与梁任公（启超）一争高下。

黄侃的第七大嗜好是逛风景。黄侃在北京的时候，教学研究之余，最爱与学生一起游山玩水，经常陪同他出游的是孙世扬（字鹰若）、曾缄（字慎言）两位，因此有人戏称孙、曾二人为"黄门侍郎"。孙世扬在《黄先生蓟游遗稿序》中写道："丁巳（一九一七年）戊午（一九一八年）间，扬与曾慎言同侍黄先生于北都。先生好游，而颇难其侣，唯扬及慎言无役不与，游踪殆遍郊圻，宴谈常至深夜。先生文思骏发，所至必有题咏，间令和作，亦乐为点窜焉。"

《庄子·大宗师》尝言："其嗜欲深者，其天机浅。"意思是沉溺于嗜欲之中的人天赋的灵性有限。这倒未必。大文学家、大艺术家、大思想家中嗜赌、好色、贪杯的不算少，他们的灵性却大大超过常人。规律只在于：嗜欲深者必多病，嗜欲深者必短命。黄侃多病而又短命，就全是嗜欲太深惹的祸。其实，他有自知之明，《日记》中即不乏自责之词，他曾发誓要戒烟，戒蟹，戒酒，谢绝宴请，摒弃无益之嗜好，但都是说过就忘，不曾落实。性格的弱点难以克服，拔着自己的头发毕竟无法离开地球。黄侃填写过一阕《西江月》，有全面自诫的意思："行旅常嫌争席，登临未可题诗。欢场无奈鬓如丝，博局枉耽心事。似此嬉游何益？早宜闭户修持。乱书堆急酒盈卮，醉后空劳客至。"自诫归自诫，嗜欲总能占到上风，黄侃别无自救的良法，就只好多病而且短命了。

新文化运动旗帜初张时期，北大的章门弟子做柏梁体诗分咏校内名人，咏陈独秀的一句是"毁孔子庙罢其祀"，专指他打倒孔家店，甚得要领。咏黄侃的一句是"八部书外皆狗屁"，这八部书是《毛诗》、《左传》、《周礼》、《说文解字》、《广韵》、《史记》、《汉书》和《昭明文选》，这只是个约数，大体上是不错的，除此之外，黄侃还特别喜欢《文心雕龙》、《新唐书》等名著，他以博学著称，治学从不画地为牢。我们换个角度去理解，黄侃只重学问和文艺，至于个人私德则悍然不顾，那么这句诗就算是形容得当了。

刘文典
敢当面骂蒋介石为"新军阀"

祢衡骂曹操是"奸贼",不久就踏上了黄泉路,刘文典骂蒋介石为"新军阀",居然博得幸运女神的眷顾,总让人捏了一把汗。

1928年岁末,刘文典(1889—1958)出狱不久,即前往苏州拜访恩师章太炎,后者抱病接见,这是很高的礼遇了。两位以清狂高傲著称的学者要惺惺相惜并不容易。章太炎是海内文章之伯,天下学问之雄,他绝对不会放低身架去敷衍一名庸常的弟子。临别前,章太炎欣然命笔,为刘文典题写一联:"养生未羡嵇中散,疾恶真推祢正平。"嵇中散就是嵇康,三国魏末的诗人和音乐家,曹魏宗室的女婿,对司马氏政治集团抱有恶感,坚持不合作态度。他崇尚老庄,喜言养生服食之事,富于正义感和反抗性,"非汤武而薄周孔",对封建礼教视之蔑如。嵇康的养生观是"任自然以托身"、"无措是非"、"神形相亲"、"与万物和"。章太炎说"未羡",是因为嵇康知行脱节,过于逼近险恶的政治漩涡,挑战邪恶统治者的神经高压线,结果死于非命。祢衡字正平,东汉末期的文学新锐,他全裸出镜,击鼓骂曹,堪称古代行为艺术的巅峰之作,因此狂名播九州,成为史上疾恶如仇的头号典范。章太炎以祢正平比作刘文典，颇有孔融推许祢衡之意。

祢衡骂曹操是"奸贼"，不久就踏上了黄泉路，直接杀害他的尽管是刘表的大将黄祖，那也是曹操要了借刀杀人的心计。刘文典骂蒋介石为"新军阀"，居然寄头于颈，博得幸运女神的眷顾，总让人捏一把冷汗。毕竟时代不同了，草菅名士的血腥妖氛已有所淡薄。

骂蒋介石为"新军阀"

1928年11月，安徽大学爆发学潮。蒋介石以国民政府首脑身份亲临安庆，施行弹压，他专门召见相关人员，痛加训斥，指出这次学潮是"安徽教育界之大耻"。刘文典担任安徽大学校长，自然首当其冲。可是他并不知"罪"，见到蒋介石，只称"先生"，不称"主席"，扫了对方的颜面。更出格的事情还在后头，蒋介石寒着脸要刘文典交出那些学生领袖的名单，必须对罢课分子严惩不贷。刘文典却不肯配合，根本不买账，还将蒋介石顶上南墙："我不知道谁是共产党。你是总司令，就应该带好你的兵。我是大学校长，学校的事由我来管。"针尖对上了麦芒，谁也不肯让谁半个身位。蒋介石恼怒不已，当众拍桌，声色俱厉地大骂："你是学阀！"

刘文典素来恃才不羁，有布衣傲王侯、士可杀不可辱的倔犟劲头，他横眉冷对，瞋目欲裂，愤然回击道："你是新军阀！"蒋介石乃赳赳武夫，手握枪杆子，集军政大权于一身，岂容手握笔杆子的文弱书生当面顶撞，挑衅他的戎威？盛怒之下，杀气腾腾，他不仅狠狠地掴了刘文典两记耳光，还以"治学不严"的罪名将这位名士关进监狱，并且发出死亡威胁。刘文典身陷囹圄，性命危在旦夕。好在全国学界和新闻界并非万马齐喑，"保障人权"、"释放刘文典"的呼声随之而起，安徽学生运动也有余烬复燃之势，蔡元培出面力保这位早期同盟会员，陈立夫也从中斡旋，蒋介石迫于舆论压力，这才以"即日离皖"为条件，释放刘文典。

　　蒋介石的两记耳光确实响亮，刘文典的名声也因此响亮起来。蒋介石的偶然之举成就了狂士刘文典的一世英名，正与曹操的必然之举成就了狂士祢衡的千古流芳一样。比较而言，祢衡付出的可是满腔热血，刘文典忍受的只是两记耳光，计算得付比，前者成名的代价明显要高昂得多。人有无妄之祸，亦有无妄之福，刘文典吉人天相，转祸为福，这也是祢衡望尘莫及的。

为庄子跑警报

当然，话得说回来，倘若刘文典的学问不入流，蒋介石再怎么发飙也帮衬不了他。《淮南鸿烈集解》是刘文典的首项学术成果，用力久而勤，取法严而慎，胡适为此书作序，称道它"岂非今日治国学者之先务哉"，"最精严有法"。刘文典将《淮南子》这部久被忽略和误读的古书刮垢磨光了，令学术界为之一惊，他的声誉和地位也因此确立。刘文典的独门绝学是《庄子》研究，他在大学里开设这门课程，起头儿貌似谦虚，实则清狂："《庄子》嘛，我是不懂的喽，也没有人懂！"这样藏着掖着讲话不过瘾，终于他还是忍不住，放出大话来："在中国真正懂得《庄子》的只有两个半人。一个是庄周，还有一个是刘文典。至于那半个嘛……还不晓得是谁。"陈寅恪为刘文典的《庄子补正》作序，道是："先生之作，可谓天下至慎矣。……然则先生此书之刊布，盖将一匡当世之学风，而示人以准则，岂仅供治庄子者之所必读而已哉！"《庄子补正》成书于1939年，学术界至今允为杰构。除此之外，刘文典还研究《昭明文选》和杜甫的诗歌，偶涉日文翻译，亦堪称个中高手。他曾经顶着压力、硬着头皮翻译日本陆军大臣荒木贞夫的《告全日本国民书》，以求使当局和民众知己知彼。此书出版后，影响很大，许多中国人因此擦亮眼睛，加深了对日本军国主义的认识。

校勘古籍讲求字字皆有来历，刘文典出书，校对从不假借他人之手。他致信胡适，坦诚相告："弟目睹刘绩、庄逵吉辈被王念孙父子骂得太苦，心里十分恐惧，生怕脱去一字，后人说我是妄删；多出一字，后人说我是妄增；错了一字，后人说我是妄改，不说手民弄错而说我之不学，所以非自校不能放心，将来身后虚名，全系于今日之校对也。"他征引古人的注释，特别强调查证原文，避免以讹传讹，灾梨祸枣。

诚然，狂傲者若无充足的底气，最多也只能浪得虚名，但沦为笑柄的可能性更大。狂傲者若有真才实学，他发作起来，别人未必舒服，但也只能忍气吞声。刘文典目高于顶，并非眼中无人，他早年师从国学大家刘师培，精研《说文解字》和《文选》，对前辈学问家章太炎和同辈学问家陈寅恪低首下心，知所敬畏，除此之外，能入他法眼的文人学者多乎哉不多也。在西南联大教书时，刘文典公开承认他的学问不及陈寅恪的万分之一，还告诉学生："我对陈先生的人格、学问不是十分敬佩，是十二万分敬佩。"他宣称，西南联大总共只有三个教授：陈寅恪一个，冯友兰一个，他和唐兰各算半个。试想,西南联大差不多集结了全国的学界精英,他自鸣得意的"三个教授论"会得罪多少同行?刘文典最看不起从事新文学创作的诗人、小说家,认为"文学创作的能力不能代替真正的学问",巴金、朱自清和沈从文在他的心目中全是跳蚤过秤——没斤没两的。

当年,空袭警报一响,教师和学生就要赶紧疏散到昆明郊外,美其名为"跑警报"。炸弹的厉害人人皆知,跑警报时个个争先,都只恨爹妈生的腿短,哪顾得上什么斯文气象?有一回,刘文典慌不择路,冷不丁发现"山民"沈从文的脚力极佳,倏忽间就如脱兔般抢到前面,成了领跑队员,他立刻面露不悦之色,对身边的学生说:"陈寅恪跑警报是为了保存国粹,我刘某人跑警报是为了庄子,你们跑是为了未来,沈从文替谁跑啊?"1943年7月,沈从文晋升为西南联大中文系教授,刘文典内心更加不平,他忿然作色,当众吼吼有声:"陈寅恪才是真正的教授,他该拿四百块钱,我该拿四十块钱,朱自清该拿四块钱。可我不给沈从文四毛钱!他要是教授,那我是什么?沈从文是我的学生,他都要做教授,我岂不是要做太上教授了吗?"沈从文讲授语体文写作,在刘文典看来,简直就是小儿科,难登大雅之堂。

沈从文天性谦和,克己忍让,刘文典的轻侮之词使他心里堵得慌，但他并没有抗辩的意思。沈从文的姨妹张充和对业师刘文典（读北大时，她上过刘文典的古典文学课）的看法与众不同，她认为，刘文典强烈的主观判断中并无恶意，爱说俏皮话，只不过图嘴巴快活。实际上，刘文典的骨子里除了狂妄，还有自卑，他对自己都看不顺眼，何况他人，跟他在这件事情上较真，实无必要。然而闻一多是火烈的诗人性子，喜欢为朋友抱打不平，他绝对咽不下这口鸟气。

"二云居士"

1943年春，刘文典受普洱大盐商张希孟之邀，为张母撰写墓志铭。当地士绅还玩出一个大忽悠：普洱素有"瘴乡"之号，世人心存畏惧，不肯前往。他们请刘文典去考察一番，作几篇游记，说明"瘴气"并非水土空气中含有毒质，只不过是疟蚊作祟罢了，现代医学完全可以预防。如此一来，消除了"瘴乡"之名，其他学者方肯前来，地方财源亦可得开发。刘文典没想那么多，他只图求一大笔酬金和十两上好的"云土"，也不向时任清华大学中文系主任闻一多打声招呼，就擅自旷教半年，这可是玩忽职守。当时，算上滞留香港未归的陈寅恪，联大中文系仅有教授七名，本已捉襟见肘，不敷所用，刘文典这样撅屁股走了，他撂下的挑子势必会加重其他人的负担。何况他图谋私财和烟土不告而行，名义不够堂正，校规亦遭践踏。于是闻一多征得联大文学院院长冯友兰的支持和同意，以讥讽的言词（"昆明物价涨数十倍，切不可再回学校，试为磨黑盐井人可也"）写信通知刘文典正式收回联大寄发给他的聘书，就这样兵不血刃，将这位名教授扫地出门。联大中文系教授王力等人曾为刘文典求情，力陈老先生从北平辗转南来，宁死不做汉奸，爱国之心不后于人。闻一多对刘文典鄙夷不屑，务为驱除，这样的说词只会火上添油，他怒形于色地说："难道不当汉奸就可以擅离职守，不负教学责任吗？"狂澜轰然已倒，刘文典纵然放低身架，答应雨季之后回校授课，下一学年增加课时以为弥补，也扭转不了既成事实。他走的最后一步棋是给清华大学校长、西南联大常委会主席梅贻琦写信，为自己的旷教行为作出辩解：

> 典虽不学无术，平日自视甚高，觉负有文化上重大责任，无论如何吃苦，如何贴钱，均视为应尽之责，以此艰难困苦时，绝不退缩，绝不逃避，绝不灰心，除非学校不要典尽责，则另是一回事耳。今卖文所得，幸有微资，足敷数年之用，正拟以全副精神教课，并拟久住

城中，以便随时指导学生。不知他人又将何说，典自身则仍是为学术尽力，不畏牺牲之旧宗旨也。

过了将近两个月，梅贻琦才以短信回复，只是敷衍一番，并无半词挽留。万不得已，刘文典含垢忍辱，从此改换门庭，应熊庆来之邀，去云南大学文史系屈就教席。

刘文典为解聘一事曾与闻一多当面干过口水仗，还险些动手打起来。闻一多对此耿耿于怀，不依不饶。1944年7月10日，教育部高教司司长吴俊升邀集西南联大、云南大学、中法大学三校的系主任讨论如何修改《部颁课目表》。闻一多借题发挥，不仅在会上痛骂刘文典劣迹斑斑，庆幸将他驱逐出联大，而且迁怒云南大学，斥责云大专收烂货，藏垢纳污，居然将刘文典视为奇珍而敬若神明。君子不为已甚，闻一多这样做就未免太过分了些。

有人说，刘文典丢掉西南联大好端端的教授，固然是闻一多强势发难所致，其自身的嗜好也起了相当大的负作用。刘文典是瘾君子。在北方时，他吸纸烟，已到烟不离嘴的程度，上课时，烟卷黏在唇边，丝毫不妨碍他传道授业解惑。他乘清华大学校车进城，一手持古书，二指挟香烟，聚精会神，烟屑随吸随长而不除。1931年，刘文典的长子刘成章（辅仁大学学生）参加北平学生运动，因体质羸弱，连夜挨冻，沉疴不起，呕血数升而亡。祸不单行，刘文典的两个兄弟客死湘西，老母也在故乡物化。他到云南定居不久，新住宅又被炸成废墟。这一连串变故霜雪交加，尧都舜壤，更不知何时能够兴复，刘文典的意志日益消沉，与鸦片结下了难分难解的孽缘。教授的薪水不够支用，他就为当地的土司、军阀和官僚撰写碑文、墓志、寿序和贺表，丰厚的润笔费只为烟灯长燃。若非磨黑云土的诱惑使他流连忘返，他也不会丢掉西南联大的教职。

抗战期间，刘文典在昆明，他的妻子却在北京，道路隔绝，难以团聚。张充和接受《合肥四姊妹》的作者金安平采访时，有一段精彩的回忆："师母不时寄钱给刘老师，命他把钱用于醇酒妇人，还说：'无妻妾相随，何其不便！望善自排遣，及时作乐可也。'刘先生说，这是伉俪情深的表现。我相信他的说法。再说，他鸦片瘾极重，哪里还能纵情酒色？"看来，狂士之妻也不是寻常巾帼的胸量格局，这样体贴丈夫的妻子真是天下难寻。

抗战胜利后，南迁的名牌教授鲜有不收拾行囊欣然北归的，刘文典却高拱端坐，不肯挪窝，盖因昆明的天气和云南的烟土拖住了他的后腿，使他寸步难移。有促狭鬼为刘文典取了个"二云居士"的绰号,倒也贴切,"二云"指云南火腿和云南烟土,都是刘文典的恋物,他是万万舍不得撂下的。

喜听美言,好讲怪话

刘文典身形清瘦,面貌黧黑,两颧高耸,双颊深凹,不知底细的人以为他常晒日光,其实是鸦片烟为他"美容"所致。魏晋人物神傲形羸,褒衣博带,好食五服散,弄得人不像人,鬼不像鬼,瘾君子刘文典庶几近似之。

西南联大的教授会讲课的不少,但像刘文典那样把课讲得出神入化的并不多,他深得学生的欢心和敬意,这样的效果无人可以否认,连他的冤家对头也讲不出什么难听的微词。他语出惊人,教学生做文章,紧要处全在"观世音菩萨"五字,镇得学生一愣一愣的,对其深意却大惑不解。他把学生嗷嗷待哺的模样看饱了,这才揭开谜底:"'观',是要多观察;'世',是要懂得世故;'音',是要讲究音韵;'菩萨',是要有救苦救难大慈大悲的菩萨心肠。"这个解释通达明晰,学生恍然大悟,豁然开朗。刘文典于"观世音菩萨"五字上心得几何?他胸无城府,不够圆滑,张嘴就会得罪人,至少在"世"字上是颇有欠缺的。但这也正是他一介书生真情至性的地方。

清华教授吴宓好学不倦，只要时间上安排得过来，同侪中谁的课讲得好，他就乐颠颠地跑去当"旁听生"。吴宓服膺和欣赏刘文典的学问，他总是稳稳当当地坐在教室的最后一排。刘文典讲课，闭目时多，只有讲到得意处，他才会睁开眼睛，向后排张望，照例要问一句："雨僧兄以为如何？"吴宓则如弟子乍闻师命而起，神情十分恭敬，一面点头一面回答："高见甚是，高见甚是！"此状是教室中的一景，不仅学生为之窃笑，刘文典也颇感畅怀，为之莞尔。

狂士的毛病少不了，放不下架子即是一端。1917年，刘文典受安徽老乡陈独秀延揽，在北大当过教授。十年后，他接受安徽省政府的委托，筹建安徽大学，忙乎了一年多，徽大成形了，他却因为学潮牵连，遭受了一场牢狱之灾。大难不死，必有后福。刘文典的后福就是被清华大学校长罗家伦聘为中文系教授。当时，名教授是稀缺资源，大学也普遍喜欢开门办学，清华的教授去北大兼课，或北大的教授去清华兼课，是相当平常的事情。刘文典在北大兼了两门课程：汉魏六朝文学和校勘学。校勘学是选修课，感兴趣的学生不多，教务处就将这门课的授课地点安排在中文系的教员休息室。刘文典受此怠慢，心中不快，头一次开讲，中文系又忽略了课前准备，于是刘文典借题发挥，动了脾气和肝火，皱着眉头发牢骚："这个课我教不了！我没法子教！"众人慑于这位狂名灌耳的教授的傲劲，不敢吱声，面面相觑，束手无策，眼看就要陷入僵局。没想到，教员休息室的工友是个机灵人，他端上沏好的热茶，用纯粹的京片子来解围："那哪儿成！像您这样有学问的先生，北京大学有几位？您不教，谁教啊！"这话听去顺耳之极，惬意之极，刘文典果然转嗔为喜，一边吸着烟卷，一边打开讲章，众人这才长舒了一口气，放下心头那块悬石。

有过留洋经历的人多半不喜欢中医，甚至不承认中医是一门科学，最典型的代表人物是鲁迅和傅斯年，他们逮住机会就给中医狠狠一击。刘文典也不待见中医，但他的战法非常奇特，不从正面抨击，而是采取冷嘲热讽，极诙谐尖刻之能事。1921年8月，他当众发表怪论："你们攻击中国的庸医，实是大错而特错。在现今的中国，中医是万不可无的。你看有多多少少的遗老遗少、别种的非人生在中国，此辈一日不死，是中国一日之祸害。但是谋杀是违反人道的，而且也谋不胜谋。幸喜他们都是相信国粹的，所以他们的一线死机，全在这班大夫们手里。你们怎好去攻击他们呢？"他这话也只能姑妄听之，经不起仔细推敲，因为庸医杀人是不分好歹的通杀，刘半农死于中医之手，就是显例。

有道是：一物降一物，一物克一物。刘文典狂傲，别无所怕，却怕和尚打脑袋。在清华任教时，刘文典去香山寺查阅佛经。该寺藏书阁悬有禁条，非佛教人士，不准借读。借读者不得携书出寺，必须在寺内念经堂正襟危坐，且不得以手指沾口水翻阅书页，一律用寺院制作的篾子翻看，违者受罚。刘文典是名学者，寺中和尚法外施恩，准予借阅，阅前老和尚照例介绍了一通规则，刘文典无不允诺，答应严守规约。和尚去后，他静坐读经，因车马劳顿，困倦袭人，难以久撑。室内有一张空榻，他持书侧卧，片刻即入黑甜乡中，手中佛经掉落地上，亦浑然不觉。半个时辰过去了，刘文典正在梦境逍遥游，忽然听见叫骂声，头面还受到扫帚扑打，他睁开眼来，只见老和尚怒形于色，一边扑打，一边斥责："您言而无信，竟把佛经丢在地上，真是亵渎啊！"刘文典闻言，又窘又急，一面老实认错，一面抱头鼠窜。无奈佛堂四门锁闭，他既逃不出，也不想逃出，外面香客甚多，被追打更无地自容。他苦苦求饶，终得宽恕。老和尚见刘文典服从责罚，甘心挨打，名教授的架子丢到了爪哇国，也就松开皱紧的眉头，放他一马，当堂赦免了"罪人"。诚可谓不打不相识，刘文典和老和尚成为了好友，在清华园他还设素斋招待过这位方外之交。多年后，刘文典重提旧事，对人大谈心得："我的脑袋虽然不太高贵，但也不是任何人可以打的。但这次挨打应该，君子不可轻诺寡信！"狂傲之士肯讲道理，肯遵守游戏规则，这就显出可爱之处来。

教师爷诲人不倦，最忌心不对口，真要做到知行合一却殊非易事。刘文典讲庄子《逍遥游》，主张出世是其主调，可是也有例外。有一次，他把话题扯远了，谈到世间的不平等，忽然慷慨激昂，义形于色，甚至把习惯半睐半闭的眼睛也大大地睁开。他举的例子很切近，许多人坐黄包车，与车夫的地位太不平等，这种社会现象是最要不得的。学生们都感到惊讶，在下面交头接耳，刘教授今天怎么突然入世？是不是吃错了药？下课了，同学们目送他踽踽而归，出了校门，一辆人力车摆过来，他从容入座，车夫拎起车把就向西边跑去。大家相视而笑。这种世间最要不得的现象看来短期内是消除不了的，何况车夫要吃饭胜过要平等。

吹牛也要有本钱

在西南联大，刘文典开设的《庄子》上座率高，《文选》也有不少捧场的"粉丝"。他上《文选》课，弄出行为艺术的味道，一壶酽茶要泡好，一根两尺长的竹制旱烟袋也不可或缺，文章的精义不仅是他明白细致讲出来的，也是他巧言妙语暗示出来的。拖堂是他的习惯，学生并不厌烦，乐得听他高谈阔论。木华的《海赋》形容惊涛骇浪，汹涌如山，刘文典讲解此赋，考问学生看到了什么特异的东西，大家凝神注目，以福尔摩斯探案的劲头寻找蛛丝马迹，结果发现整篇《海赋》中百分之七八十的字属于"氵"旁。刘文典顺势提点道：姑且不论文章好不好，你们光是看它水意泱然，就宛如置身其境，能够感觉到波涛澎湃，瀚海无涯。

有一次，刘文典破例只讲了半点钟的《文选》，就收拾讲义，当堂宣布："今天到此为止，下星期三晚饭后七时半继续上课。"下星三是什么日子？是阴历五月十五。刘文典选择这个晚上讲解谢庄的《月赋》，可谓大有深意，老天爷也赞赏他的奇思妙想，以晴煦无云来配合。学生遵嘱在室外摆上一圈椅子，刘文典居中而坐。"白露暧空，素月流天"，"日以阳德，月以阴灵"，他念念有词，细细讲解，众人或抬头望月，或低头顾影，心领神会，快莫大焉。高潮处，刘文典吟诵道："美人迈兮音尘阙，隔千里兮共明月；临风叹兮将焉歇？川路长兮不可越。"众人击掌而和，仿佛小小的音乐会，气氛之热烈前所未有。对于许多人来说，这样的享受真是不可多得，做梦也不容易梦到它。

说到梦,自然是红楼梦最能养人,一众红学家全靠曹雪芹的这部小说糊口。刘文典原本不是红楼中人,只因他听了吴宓的《红楼梦》讲座,不表同意的地方居多,于是灵机一动,也客串一回红学家,开个讲座,唱唱对台戏。刘文典的号召力不小,教室装不下太多的听众,联大的广场就成了他的讲坛。一支蜡烛,一副桌椅,寒碜了点,学生席地而坐,不以为苦,反以为乐,又何尝不是战时作风。刘文典身着长衫(他的长衫特别长,扫地而行),款款入座,女生斟上香茗,他满饮一杯。前戏做足了,他这才昂然而起,一字一顿地念出开场白:"只、吃、仙、桃、一、口,不、吃、烂、杏、满、筐!吃仙桃一口足矣。我讲红楼梦嘛,凡是别人讲过的,我都不讲;凡是我讲的,别人都没有讲过!今天跟你们讲四个字就够!"太牛了,一部《红楼梦》,居然四字以蔽之。这四字是"蓼汀花溆"。他的讲解用上了音韵学。"元春省亲大观园时,看到一副题字,笑道:'花溆二字便妥,何必蓼汀。'花溆反切为薛,蓼汀反切为林。可见当时元春就属意薛宝钗了。"此说一出,下面立刻"哦"的一声,众人仿佛醍醐灌顶,全开了窍,《红楼梦》的主旨迎刃而解,要义也昭然若揭。

名师必有高徒,刘文典的得意门生是陶光,若论请教之勤,待师之敬,陶光的表现绝对是刘文典的其他弟子所远远不及的。但有一段时间陶光因故未去师门走动,不免愧疚于心,他深知刘文典的脾气,不赔礼道歉恐怕难以过关。然而事情比陶光料想的更严重,刘文典见陶光登门请安,也不问青红皂白,劈头盖脸就是一顿臭骂,"懒虫","没出息","把老师的话当耳旁风",难听得很。陶光先是忍耐,但被尊师当成庸奴辱骂,着实难堪,脸色就渐渐阴沉下来,眼睛里也冒出了愤怒的火苗。刘文典掌控局面的能力极强,他瞅准火候,用力拍桌大吼:"我就靠你成名成家,作为吹牛本钱,你不理解我的苦心,你忍心叫我绝望吗?"他的口气至此硬极而软,倒有些可怜的成分。陶光简直不敢相信自己的耳朵,恩师竟把自己当成"吹牛本钱",期望之殷溢于言表,内心不禁大受感动。他搀扶恩师坐下,又是沏茶,又是捶背,一面解释,一面道歉,这场误会当即冰释无形,两人和好如初,师生感情突破了瓶颈。后来,刘文典出新著,特意让陶光题签。古有将相和,今有师生和,同为美谈佳话。

在西南联大时,李埏曾向刘文典借阅《唐三藏法师传》,开卷即可见此书的天头地脚及两侧空白处布满批注,除中文外,还有日文、梵文、波斯文和英文。刘文典的知识之渊博,治学之严谨,令人叹为观止。有趣的是,李埏还在书页中发现了一张刘文典用毛笔勾画的老鼠,好奇心怂恿他提出问题,请恩师解释缘由。刘文典闻言，乐不可支，叙说他在乡下读书时的情形，没电照明的地方，点的是一盏香油灯，灯芯上的残油滴在铜盘上。某天深夜，他在灯下读书，一只细瘦的老鼠忽然爬上铜盘，明目张胆地吮吃香油。他本准备打死它，但转念一想：老鼠吃油是在讨生活，他读书也是在讨生活，彼此相怜才对，何苦相残呢？于是恻隐之心油然而生，他立刻抓起毛笔，信手勾画了一幅老鼠像，夹在书页中，以资纪念。若非善良的人，绝不可能推仁及物。李埏听完恩师的这番话，不由得感慨系之："先生真有好生之德！"

当然，与刘文典相关的负面传闻也是有的，而且相当邪乎，比如下面这则谣言就令人傻眼：在西南联大教授中，刘文典批试卷最"高明"，因为别人都用手批，他却用脚批。具体的做法是：他把试卷码成一摞，然后躺卧在烟榻上，吞云吐雾，尽兴之时，就一脚踢去，踢到最远处的那份试卷得分最高。"踢试卷"的说法是谁捏造的？这个已不可考，但用心不良，则是断无疑问的。好在谣言止于智者，没谁真肯相信它。

1949年，胡适为刘文典办好了一家三口的机票，联系好了美国的大学，想帮助他换个新环境。对于胡适的好意，刘文典敬谢不敏，他说："我是中国人，为什么要离开我的祖国?"他久已远离政治纷争的漩涡,只是出于朴素的爱国之情留下未走。他没有力气再折腾了,眼看把乱世挺到了尽头,他只想过过太平日子。当时,许多学人都是抱着这样的想法留在大陆。

虚晃一枪好过关

20世纪初,刘文典留学日本,与周树人(那时还不叫鲁迅)有过交集,两人都是章太炎的边缘弟子,友情并不深笃。1928年,刘文典顶撞蒋介石而遭受牢狱之灾,险些坠落到鬼门关,鲁迅激于义愤,撰写杂文《知难行难》去声援他,算是两人走得最近的一回。在西南联大,刘文典常常要亮出恩师章太炎这张王牌,顺带也就不免谈及往昔的同窗,提到鲁迅时,他竖起小拇指,没作褒贬。听课的学生见惯了他的招术,对此一笑置之,竟无人探询他的真意。十多年后,这个疏忽居然有了弥补的机会,高校思想改造的刀锋越切越深,有人旧事重提,质问刘文典:"你用小拇指污辱鲁迅的险恶用心何在?"刘文典受到如此严厉的指控,并不慌张,他解释:"用小指比鲁迅,确有其事,那不是贬低他,而是尊敬的表示。中国人常以大拇指比老大,那是表示年高,自古英雄出少年，鲁迅在同窗中最年轻有为，我敬佩他是当代才子。你误解我了。你尊敬鲁迅，要好好学习鲁迅的著作。"这样牵强的辩解居然顺利过关，就没人掐指算算，鲁迅比刘文典大八岁，比钱玄同大六岁，比黄侃大五岁，"同窗中最年轻"的说法怎能成立？刘文典逃过一劫，竖小指比喻鲁迅的正解也就成为了一个无解的哑谜，让考据家伤透了脑筋。依我看，贬义要占百分之九十，否则他应该更能自圆其说才对，刘文典自称为"狸豆鸟"，从不短缺急智和狡智，何曾弄得这般黔驴技穷，靠扯白来圆谎呢？

建国后，刘文典在云南大学生活得很好，被评定为云南省唯一的文科一级教授。他将鸦片瘾彻底戒绝了。在思想改造运动中，刘文典过关远比回京的冯友兰等人更为顺利。他承认自己缺点不少，但没有犯下罪行。他保护学生运动的领袖，跟蒋介石当面对峙，吃受两记耳光，这无疑是他雄厚的政治资本。他在大会上宣称："由反动派统治的旧社会逼人走投无路，逼我抽上了鸦片。解放后，在共产党领导下，社会主义国家蒸蒸日上，心情舒畅，活不够的好日子，谁愿吸毒自杀呢！""今日之我，已非昨日之我，我再生了！"刘文典的好日子过到1958年即戛然而止，病魔顺手牵羊，夺走了这位学问家的生命。古稀之龄足矣，倘若他再多活几年光景,恐怕就要用《庄子·天地》中的"寿则多辱"四字来总结了,那才是真正意义上的悲剧。

梁漱溟
宁鸣而死，不默而生

大凡才雄气壮的傲哥,个个善吹,儒家的至圣和亚圣都是吹牛高手。梁漱溟自命不凡,听他吹牛,那才叫尽兴尽致。

谦卑并不是所有成功者的标配品质，具有大自信的人往往自视甚高。这么说，梁漱溟（1893—1988）自命不凡，就并不是什么大毛病，听他吹牛那才叫尽兴尽致。1942年，他从香港脱险，返回大陆，居然毫发无伤，他写信给儿子梁培宽、梁培恕，大吹特吹：

> 孔孟之学，现在晦塞不明。或许有人能明白其旨趣，却无人能深见其系基于人类生命的认识而来，并为之先建立他的心理学而后乃阐明其伦理思想。此事唯我能作。又必于人类生命有认识，乃有眼光可以判明中国文化在人类文化史上的位置，而指证其得失。此除我外，当世亦无人能作。前人云："为往圣继绝学，为来世开太平"，此正是我一生的使命。《人心与人生》等三本书要写成，我乃可以死得；现在则不能死。又今后的中国大局以至建国工作，亦正需要我，我不能死。我若死，天地将为

之变色，历史将为之改辙，那是不可想象的，乃不会有的事。

我相信我的安危自有天命……假如我是一个寻常穿衣吃饭之人，世界多我一个或少我一个皆没有关系，则是安是危，便无从推想，说不定了。但今天的我，将可能完成一非常重大的使命，而且没有第二人代得。从天命上说，有一个今天的我，真好不容易，大概想去前途应当没有问题。——这一自信，完全为确见我所负使命重大而来。

大凡才雄气壮的傲哥，个个善吹，儒家的至圣和亚圣都是吹牛高手，孔子吹嘘得还算挨边，"苟有用我者，期月而已可也，三年有成"；孟子则吹嘘得完全离谱，"夫天不欲平治天下，如欲平治天下，当今之世，舍我其谁也"。他们的徒子徒孙吹嘘一句"为往圣继绝学，为来世开太平"，也就不自觉过分了。梁漱溟深信自己是上苍的骄子，负有重大使命，降临人间，自当众鬼远避，百毒不侵。孔子在宋国受迫害，曾对弟子说："天生德于予，桓魋其如予何！"这话的意思是："上天生下此德在我，桓魋能把我怎样呢！"孔子的自信帮他挺过了一道又一道夺命难关。你可以认为孔子在吹牛，那么适当地吹一吹牛就很有必要。梁漱溟吹牛，一直吹到九十五岁为止，吹得极有底气，极有响声，全然没有半点心虚，这真是他的独门绝活。相比之下，鲁迅不怎么吹牛，活得相当抑郁，甚至活得非常焦虑，结果仅得五十五岁的寿数，比梁漱溟少活了四十年，太不划算了！如此说来，吹牛岂可不大吹特吹长吹久吹哉！

走火入魔

若细细打量梁漱溟的外貌，我们确实会得出他是一位神奇人物的印象：高大而挺拔的身板，大大的光头，像钢一样坚毅的眼神，紧抿着的倔强的嘴唇，低沉而有力的声音，桀骜而高贵的气质。这些外貌特征都充分显示出他的与众不同。

1893年，梁漱溟出生于一个日趋式微的贵族家庭。他祖父梁承光晚清时做过山西永宁知州，防堵捻军，三十五岁即尽瘁而死。他父亲梁济清末时做过内阁中书，后晋升为候补侍读，为人忠厚诚恳，好学精思，不愿与世浮沉，不肯随俗流转。尤其难得的是，梁济潜心儒学，却非常开明，他并不逼迫子女死读圣贤书，甚至认为好人家的子弟出洋留学乃是一件正当事，应该"勿惜费，勿惮劳，即使竭尽大半家资也不为过"。梁济平生最痛恨舞文弄墨的文人，认为他们总是以浮夸粉饰为能事，不讲求实际。他不尚虚务，专重实效，以利国惠众为高明。梁漱溟平日耳濡目染，接受言传身教的熏陶，自然潜移默化。小时候，梁漱溟体弱多病，每遇天寒，则手足不温，梁济对他格外放宽尺度，和颜悦色，从不打骂，读书也任他杂览，不设范畴。

十四岁那年，梁漱溟考入北京顺天中学堂。班上人数不多，却是藏龙卧虎，后来出了三位大学者：张申府，汤用彤，还有梁漱溟。同学少年，最富热情，梁漱溟与廖福申、王毓芬、姚万里结为自学小组，廖的年龄稍长，脑筋灵活，点子多多。有一次，四人上酒楼吃蟹饮酒，廖福申一时兴起，说是同辈间称兄道弟义结金兰很无谓，倒不如以各人短处命名，借资警诫。此议一出，众口交赞，大家都请廖来主持，他当仁不让，略一思索，即给王毓芬取名为"懦"，给姚万里取名为"暴"，给梁漱溟取名为"傲"，给自己取名为"惰"，均是一针见血，切中要害。梁漱溟读中学时傲气逼人的表现确有一端，那就是语不惊人死不休，他特别喜欢作翻案文章，有时出奇制胜，有时弄巧成拙。一位姓王的国文教师十分恼恨梁漱溟的作文方法，在梁的作文卷上批下这样一句话："好恶拂人之性，灾必逮夫身！"这话的意思是："喜好厌恶都与正常的人性逆反，灾祸就会抓住（你的）身体不放！"王老师的评语差不多是诅咒了。好一个"傲"字，犹如硬币的两面，既是梁漱溟的短处，也是他的长处，他一生吃亏在此，得益也在此。

梁漱溟的傲可说是一种向上的力量，他能见贤思齐，并非目空一切。读中学时，他钦佩郭人麟的学问，郭比他低一班，对《老子》《庄子》《易经》和佛典颇有心得，尤其推崇谭嗣同的《仁学》，境界相当不俗。梁漱溟将郭人麟平日言谈集为一册，题为"郭师语录"，被同学讥为"梁贤人、郭圣人"，梁漱溟恬然处之，全无愧色。

时势往往能决定一个人的思想取向。梁漱溟血气方刚，身处一个急剧动荡变革的时代，要么改良，要么革命，没有第三条路好走，在同学甄元熙的影响下，梁漱溟放弃君主立宪的改良主张，选择了革命。1911年，梁漱溟剪去辫子，毅然加入汪精卫领导的京津同盟会。梁济是改良派，他告诫儿子不要铤而走险："立宪足以救国，何必革命？倘大势所在，必不可挽，则孰不望国家从此得一转机？然吾家累世仕清，谨身以俟天命而已，不可从其后也。"父子在大是大非的问题上第一次发生了冲突，各执一端，相持不下，梁漱溟年轻气盛，自以为真理在手，不必退让，出语颇不冷静，梁济的感情因此受伤。

从顺天中学堂毕业后,梁漱溟未再深造,即去《民国报》做记者。《民国报》的社长是梁的同学甄元熙,总编辑是孙炳文。梁原名焕鼎,字寿铭,写稿时常用笔名"寿民"和"瘦民",孙炳文则想到另一个谐音的"漱溟",古人只有枕石漱流的说法,漱于沧溟则是何等空灵,何等气派!从此,"梁漱溟"三字便精诚团结,永不分离。梁漱溟刚肠疾恶,如何看得惯民国官场的勾心斗角和尔虞我诈?那班猪仔议员全然不以国事为念,只知嫖赌逍遥,蝇营狗苟,令梁漱溟感到极为厌恶和鄙视。他遭遇到有生以来的第一场精神危机,尤其是当他读过日本人幸德秋水的《社会主义之神髓》后,对私有制的憎恨难以平息,对人世间触目可见的不平等、不公平、不公正难以释怀。烦恼愈积愈多,却无法开解,无处宣泄,梁漱溟感到极度的精神苦闷,于是他决定自杀,寻求一了百了的解决方式,所幸室友及时察觉苗头,才避免了一场悲剧的发生。经此变故,梁漱溟放弃了社会主义,转而信奉佛学,他决定遵照袁了凡的那两句话——"以往种种譬如昨日死,以后种种譬如今日生"——认真做去。梁漱溟啃读大量佛典,悟到人生是与痛苦相始终的,人一降生,就与缺乏相伴俱来。缺乏是常,缺乏之得满足是暂;缺乏是绝对的,缺乏之得满足是相对的。人生的苦乐并不决定于外界环境的好坏,纯粹取决于主观,根源在自身的欲望,满足则乐,不满足则苦。欲望无穷尽,一个满足了,另一个又会冒出来,很难全部满足。后来,梁漱溟谈到自己为何对哲学兴趣独浓,给出了这样的答案:"就以人生问题之烦闷不解,令我不知不觉走向哲学,出入乎百家。然一旦于人生道理若有所会,则亦不复多求。假如视哲学为人人应该懂得的一点学问,则我正是这样懂得一点而已。"

梁漱溟精进太猛,钻研学问难免会走火入魔,十八岁立誓不结婚,十九岁吃素,他想得最多的就是如何普度众生,他决定从实处做起,精研医术,悬壶济世。

问题中人

1916年冬,梁漱溟在上海商务印书馆主办的《东方杂志》上连载《穷元决疑论》,其中心内容是批评古今中外的名家理论,独崇佛学。凑巧的是,蔡元培刚从欧洲回国,接任北大校长,他读到这篇文章,发生兴趣,当即决定聘请梁漱溟为北大讲师,讲授印度哲学。试想,一位二十四岁的青皮后生,没有上过大学,没有喝过洋墨水,只因一篇文章得到蔡元培的青睐,就可以手执教鞭,登上北大哲学系的讲台,别说现在我们无法想象，当年也无法想象，但这是千真万确的事实。蔡元培主持北大期间，群贤荟萃，百家争鸣，梁漱溟跻身其间，感到不小的压力，他深恐不能胜任这一教职。蔡元培慰留道："你不必担心难以担当这个职位，只权当来这里研究、学习好了。"天下有这样香喷喷的馅儿饼砸中梁漱溟的脑袋瓜，他不吃才是咄咄怪事。梁漱溟在北大既开"佛教哲学""印度哲学"课程，又开"孔子哲学之研究"，既替释迦说个明白，又替孔子讲个清楚，佛儒并举，两不偏废。

据田炯锦回忆，梁漱溟在北大教书，"甚不长于言辞表达，文字亦欠流畅，每于讲解道理时，不能即行说明，常以手触壁或敲头沉思"，他不能久安于教职，与口才并不便给应该是有不小的关系的。胡适自始就不看好梁漱溟，他讥讽梁氏连电影院都没进过，讲东西文化岂不是持管窥豹、扪烛喻日，茫如捕风？不曾进过电影院的人就没有资格讲东西方文化？胡适的看法值得商榷。

正当梁漱溟的思想迈向豁然开朗之境，其父梁济却走向生命的终途。早在辛亥革命爆发时，梁济就做好了殉清的打算，他既痛心于清朝的覆亡，更痛心于"风俗"和"正义"的沦落。他一度也想寻求精神的出路，两次投书刚由欧洲归国的梁启超，五次踵门拜谒，求写一副扇联，均未得只字回音，未获一面之雅。其后,他从报纸上得知梁启超为伶界大王——"小叫天"谭鑫培题写刺绣"渔翁图",有"四海一人谭鑫培"的溢美之词,不禁深感失望。1918年11月14日,离六十岁生日仅差几天,梁济完成《敬告世人书》后,即自沉于北京积水潭,他期冀以自己的死产生震惊作用,让毁弃传统道德的世人扪心自咎,迷途知返。他在遗书中写道:"其实非以清为本位,而以初年所学为本位。"他认为世局日益败坏,竟至于不可收拾,乃是由于政客朝三暮四,军阀骑墙观望,不识信义为何物所致。梁济的自沉早于王国维,他的死确实产生了轰动效应,报章连篇累牍地报道,国务总理钱能训不甘人后,也写了还愿匾。废帝溥仪则趁机下"诏",赐谥褒奖。有哀感生敬者,当然也不乏批评蔑视者。梁济自杀后,梁漱溟深感内疚,他回忆父亲对他的多年教诲,反思自己的一贯忤逆,不禁深深自责。经此人伦惨变,梁漱溟闭关读书,苦苦思索,两年后,他宣布弃佛归儒。对此,他的说法是:"我不是个书生,是个实行的人。我转向儒家,是因为佛家是出世的宗教,与人世间的需要不相合。其实我内心仍然持佛家精神,并没有变……佛家也有派别。小乘过去被人称为自了汉。大乘则要入世,但入而不入。入世是为了度众生。度众生就是人不能自私,自私是惑,惑就是有我……"可以这么说，梁漱溟的道德勇气源自佛家精神，而指导他实践的则是儒家精神。以出世的态度做人，以入世的态度做事，他正是如此恭行的。

梁漱溟独崇佛学期间，吃长素，不结婚，还一度发愿要出家，直到父亲自杀后，他才自责不孝，放弃披剃的念头。1921年，梁漱溟经友人伍伯庸做媒，与伍的小姨子黄靖贤结为夫妇。梁在相貌、年龄、学历上都无计较，只要对方宽厚和平，趣味不俗，魄力出众就行。黄氏识字不多，体格健壮，毫无羞怯之态，夜晚就睡，或侧身向左而卧，或侧身向右而卧，终夜睡姿不改变。黄氏为人木讷，性格刚强，梁漱溟忙于治学，忙于社交，偶得闲暇，仍是老僧入定，陷于冥想而不能自拔。黄氏看不惯梁漱溟这副无视无听的呆相，梁漱溟对黄氏也是能避则避，能让则让。黄氏曾指责梁漱溟有三大缺点：一是好反复，每每初次点头之事，又不同意，不如她遇事明快果决；二是器量狭小，似乎厚道又不真厚道，似乎大方又不真大方；三是心肠硬，对人缺少恻隐之情。夫妻相处十四年，一直貌合神离，同床异梦。1935年8月20日，黄氏病逝于山东邹平，梁漱溟的悼亡诗居然毫无感伤色彩：

　　我和她结婚十多年，

我不认识她，

她也不认识我。

正因为我不认识她，

她不认识我，

使我可以多一些时间思索，

多一些时间工作。

现在她死了，

死了也好；

处在这样的国家，这样的社会，

她死了可以使我更多一些时间思索，

更多一些时间工作。

　　黄氏说梁漱溟心肠硬如铁石，这无疑是最好的自供状，不算冤枉了他。此时梁漱溟年届不惑，已经勘破生死。鳏居十年后，梁漱溟方才续弦，陈淑芬成为了梁家的女主人。婚宴上，一向拘谨的梁漱溟居然老夫聊发少年狂，摆开功架，唱了一出《落马湖》，令众宾客捧腹大笑。陈淑芬是北京师范大学的毕业生，比梁漱溟小三岁，性情温和，修养到家，她不仅使梁漱溟拥有安乐的后院，还使他冷峻孤傲的性格染上浓厚的暖色调，有了轻松愉快的一面。

梁漱溟的性格严肃有余，活泼不足，他的幽默感并不发达，但他千真万确说过一句诙谐有趣的话："我始终不是学问中人，也不是事功中人。我想了许久，我是什么人？我大概是问题中人！"梁漱溟从来都认为自己只是思想家，不是学问家，他的自述中有这样的解释："我实在没有旁的，我只是好发生问题——尤其易从实际人事感触上发生问题。有问题，就要用心思；用心思，就有自己的主见；有主见，就从而有行动发出来。外人看我像是谈学问，其实我不过好用心思来解决我的问题而已，志不在学问也。"及至晚年，梁漱溟接受美国学者艾恺的访谈，还特意强调了这一点："我不够一个学问家，为什么？因为讲中国的老学问，得从中国的文字学入手，可中国的文字学我完全没有用功，所以中国学问我也很差，很缺少。再一面就是近代科学，我外文不行，所以外国学问也不行。从这两方面说，我完全不够一个学问家。我所见长的一面，就是好用思想；如果称我是一个思想家，我倒不推辞，不谦让。思想家与学问家不同。学问家是知道的东西多，吸收的东西多，里边当然也有创造，没有创造不能吸收。可是思想家不同于学问家，就是虽然他也知道许多东西，不知道古今中外的一些知识，他也没法子成思想家。但是他的创造多于吸收。所以我承认我是思想家，不是学问家。"

梁漱溟既是一位思想家，也是一位亲力亲为的实践家，他长期主张教育救国，从最基础的教育入手，为此他不惜辞掉北大教职，去山东菏泽担任中学校长。他致力于乡村建设，实行社会改造，在邹平县成立山东乡村建设研究院，感召一批知识分子与乡村平民打成一片，提高村民素质，发展乡村经济，改变乡土中国的落后面貌。梁漱溟身边常有一些弟子追随，他仿照宋明讲学的模式，每日清晨，召集众人，或默坐，或清谈，意在感悟人生，反省自我。他把这样的集会称为"朝会"。梁漱溟在朝会上的发言，后来被弟子们辑为《朝话》一书，颇似孔子的《论语》。梁漱溟的"朝话"通常是点到为止，以精警取胜，譬如这一句："在人生的时间线上须臾不可放松的，就是如何对付自己。如果对于自己没有办法，对于一切事情也就没有办法。"

由于外患日深，"村治"理想被迫放弃，偌大的中国居然没有地方能放下一张宁静的书桌，梁漱溟别无选择，毅然决然投入政治洪流。他曾在《中国文化要义》一书的自序中说："……以中国问题几十年来之急切不得解决，使我不得不有所行动，并耽玩于政治、经济、历史、社会文化诸学。然一旦于中国前途出路若有所见，则亦不复以学问为事。"抗战期间,中华民族的生死存亡悬于一线,许多知识分子都走出书斋,服务于国家。胡适一向远离政坛,喜欢扮演政府的批评者角色,此时也出任中国驻美国大使,去了大洋彼岸。早在1916年,梁漱溟有见于乱兵为祸之惨烈,即写过《吾曹不出如苍生何》一文,他是有参政意识的人,此时不参政更待何时?但有一点他撇得很清——只站在中间立场,既不偏左,也不偏右,既不亲共,也不与国民党沆瀣一气。

1932年,在南京的总统官邸,梁漱溟初次见到蒋介石,印象很糟。谈话时,蒋介石拿个小本子,时不时记上几笔,一副不耻下问的样子,貌似谦虚,其实做作。南京政府迁至重庆后,梁漱溟身为参政员,与蒋的交道增多,他发现蒋介石刚愎自用,根本听不进不同的意见,更别说不同的政见,有时候甚至怒形于色,令人极其难堪,下不来台。1942年12月,中国民主政团同盟(简称"民盟")宣告成立,梁漱溟出任秘书长和机关报《光明报》社长,从此蒋介石对梁漱溟的态度发生转变,见面时不再称他为"漱溟兄",改称"梁先生"。及至国共和谈期间,梁漱溟奔走于两党之间,他对蒋介石的种种做法(比如躲在庐山不见谈判代表,让调停人马歇尔九上九下)更加不满。

天生的反对派

梁漱溟在北大哲学系任讲师时，常与杨怀中教授切磋学问，每次到杨家，都由一位高个子的湖南青年开门，彼此相视点头，未曾互报姓名。梁漱溟进客厅与杨怀中谈天说地，这青年便去别的房间，从不加入话局。后来，杨怀中介绍，这位青年是湖南老乡，在长沙读过师范，抱负不凡，来京城拜师求学，现在北大图书馆做事，晚上宿于杨家。杨怀中肯定提到过这位青年的名字，但梁漱溟并未记住。杨怀中病故后，这位青年成了杨家的女婿，返回南方。

1938年，梁漱溟随团考察延安，一见面，毛泽东就对梁漱溟说："梁先生，您还记得不？民国七年在北京大学，您是大学讲师，我是小小图书馆职员，您常来豆腐池胡同杨怀中先生家串门，总是我开大门。我读到您的《究元决疑论》，还蛮佩服您敢于向名人挑战的精神呢。"梁漱溟与毛泽东恳谈八次，其中两次是竟夜长聊。他们对新旧中国的判断和认识多有分歧，争论是免不了的。但毛泽东对抗战形势的分析深入肯綮，坚决认定中国必胜，日本必败，梁漱溟对此高论折服不已。

1945年，抗战胜利后，梁漱溟第二度访问延安，与毛泽东大谈如何进行经济建设，发展现代工业，未免有点话不投机。毛泽东对这位自命为思想家的民盟秘书长客客气气，但对他的某些政治观点未肯苟同。国共和谈失败后，梁漱溟向记者发出哀叹："一觉醒来，和平已经死了！"这句话不胫而走，广为流传。他曾起草过折中方案，结果是国共双方都不满意。一介书生，又如何能够厘清乱局，明白就里？他既不领共产党的情，又不受国民党的礼，要在两党之间保持中立和独立地位，掌握为广大中国社会发言的话语权。他这是一厢情愿，结果事与愿违，并不奇怪。最典型的是，他在《大公报》上发表《内战的责任在谁》、《敬告中国国民党》、《敬告中国共产党》，认为内战的责任主要在国民党，战争打了几年，死了许多人，祸害了国家民族，究竟谁主张打？战犯是哪些人？为什么不受到惩办？都应该搞清楚。至于共产党方面，也打了三年仗，也应该宣布在这三年战争中，对国家人民所遭受的损害，同感歉疚。共产党再用武力打下去，不排除在一年内有统一中国之可能，但那时既没有联合，也没有民主……梁漱溟对国共双方各打五十大板，他还对外界宣称，只发言，不行动。蒋介石下野，李宗仁上台，这位代总统一度想拉拢广西老乡梁漱溟，派程思远去北碚看望后者，送上一大笔钱，表示想与梁会个面，梁则叹息时局如此，和平无望，干脆以"不行动"为由婉言谢绝。至于程思远送来的钱，梁漱溟悉数笑纳，充作了勉仁学校的教育经费。在此期间，梁漱溟把全副心思都用于办勉仁学校和写《中国文化要义》上，不再与暧昧的政客虚与委蛇。

20世纪50年代初，梁漱溟与毛泽东的交往经历了一个短短的"蜜月期"。当时，毛泽东欢迎梁漱溟成为新政府的一分子。梁漱溟却仍是一副犟驴子脾气，坚持要以局外人的身份为国效力，为民请命。他的话说得还算委婉："主席，像我这样的人，如果先摆在政府外边，不是更好吗！"对此，毛泽东未置可否，他让梁漱溟先去重游先前搞过乡村建设的故地，全由官方接待，不用自掏腰包。即使他对抗美援朝不以为然，毛泽东也未深责于他。

1951年，梁漱溟赴西南参加土改，回京后，毛泽东问他下面的情况如何。梁漱溟如实相告，地主被打得太狠，有的忍受不了折磨，跳河自杀。毛泽东笑着说，贫雇农的怒气也要有发泄的渠道才行。这句话令梁漱溟头皮发紧。

1952年，梁漱溟写了一篇"自我检讨文"《何以我终于落归改良主义》，公开承认自己"不曾革命"。他还给毛泽东写了一封信，信中说：过去纵一事无成，今后亦何敢自逸。

他重提先前的请求，不顾年事已高，要去苏联留学，研究巴甫洛夫的理论。这近似于一个玩笑，毛泽东没理会梁漱溟的茬，只同意他在国内游历，喜欢调查什么就调查什么，一切便利都可由政府提供。及至梁漱溟欲创设中国文化研究所的草案被毛泽东当面否决，他们的"蜜月期"就宣告结束了。在毛泽东看来，梁漱溟一身傲骨，好执异端，合作态度不鲜明，是那种敬酒不吃偏要吃罚酒的人。

1953年9月11日，梁漱溟在全国政协第十九次常委扩大会议上捅了个大娄子，他发言时讲，共产党依靠农民起家，顺顺当当夺取了政权，现在却忽视民生疾苦，只重视城市中的产业工人。他最为直率的话是这样一句："如今工人的生活如在九天，农民的生活如在九地，有九天九地之差。"第二天，毛泽东在中央人民政府会议上说，有人不同意我们的总路线，认为农民生活太苦，要求照顾农民，这大概是孔孟之徒施仁政的意思吧。照顾农民是小仁政，发展重工业，打美帝是大仁政。施小仁政不施大仁政，便是帮助了美国人。有人竟班门弄斧，似乎我们共产党搞了几十年农民运动，还不了解农民。我们今天的政权基础，工人农民在根本利益上是一致的，这一基础是不容分裂，不容破坏的！

毛泽东的话讲得很重，梁漱溟深感委屈，非要辩白不可，他写信给毛泽东，请求给他一个解释的机会，以消除彼此的误会。毛泽东同意在怀仁堂京剧晚会开幕前，给梁漱溟二十分钟的见面时间。可是梁漱溟越解释，毛泽东越恼火，他要的是道歉，是认错，而不是什么喋喋不休的解释。而梁漱溟固执己见，言语间与毛泽东频频发生冲突，结果不欢而散。

梁漱溟读过《韩非子·说难》，应该知道，龙的喉下有逆鳞，撄之必怒，怒则杀人。他要明智一点，最低限度也该是保持沉默，可是他的调子越来越高，既不认错，还要标榜自己是"有骨气的人"，把那"九天九地"的话反复强调。他的对抗只可能招致更猛烈的反击，如果这反击来自毛泽东，当时中国任何人都吃不了得兜着走。更何况周恩来还以历史见证人的身份，证明梁漱溟一贯反动，所谓中立只是伪装。毛泽东说："蒋介石是用枪杆子杀人，梁漱溟是用笔杆子杀人。梁漱溟反动透顶，他就是不承认……你梁漱溟的功在哪里？你一生一世对人民有什么功？"事情闹到这步田地，梁漱溟倒是战意更浓，不胆怯，不退却，硬着头皮继续顶牛，连何香凝、陈铭枢等人站出来为他打圆场，他也不领情。开大会时，梁漱溟僵持在讲台上，非要毛泽东给他充足的发言时间不可，他的话近乎挑衅："我还想考验一下领导党，想看看毛主席有无雅量……毛主席如有这个雅量，我将对你更加尊敬，如无这个雅量，我将失掉对你的尊敬。"这岂不是藐视毛泽东的权威，逼他主动让步吗？毛泽东非常生气，称梁漱溟是野心家，是伪君子，他不问政治是假的，不想做官也是假的，他具有骗人的资格，这就是他唯一的资本。毛泽东直斥梁漱溟为"杀人犯"，语气十分严厉，"讲老实话，蒋介石是用枪杆子杀人，梁漱溟是用笔杆子杀人。杀人有两种，一种是用枪杆子杀人，一种是用笔杆子杀人。伪装得最巧妙，杀人不见血的，是用笔杆子杀人。你就是这样一个杀人犯"。毛泽东的口才发挥到了极致，在严厉的指责中夹杂着热讽和冷嘲："梁漱溟反动透顶，他就是不承认，他说他美得很……比西施还美，比王昭君还美，还比得上杨贵妃。他跟傅作义先生不同。傅先生公开承认自己反动透顶，但傅先生在和平解放北京时为人民立了功。你梁漱溟的功在哪里？你一生一世对人民有什么功？一丝也没有，一毫也没有！""假若明言反对总路线，主张重视农业，虽见解糊涂却是善意，可原谅；而你不明反对，实则反对，是恶意的。"至此局面大僵，梁漱溟却仍然坚持要把自己的历史和现状解释清楚，毛泽东给他十分钟，他嫌少，一定要享受公平的待遇，于是不少人指责梁漱溟狂妄之极，反动成性，通过表决，将他轰下台去。令人啼笑皆非的是，毛泽东举手赞成梁漱溟继续讲下去，却是少数派!

事后数日,梁漱溟未能顶住外界施加的强大压力,向全国政协作出了检讨。他将自己的错误归结为"目空一切",将此前的顶牛行为定性为"达到顶峰的荒唐错误",他承认自己是"伪君子","阶级立场不对",为了表明他绝对不反党的心迹,他愿意振臂高呼"毛主席万岁"。梁漱溟居然也变得能屈能伸了,是本意还是违心?没人知道。但这回他的良心自由受到了实实在在的伤害,则是无疑的。

"宁鸣而死,不默而生"

梁漱溟曾标揭人类面临的三大问题,依序为:人与物之间的问题,人与人之间的问题,人与自己内心之间的问题。这三个问题看似简单,终竟解决了它们的人却极为罕见。梁漱溟是否解决了这三个问题?我看未必,但他一直在寻求解决之道,这就很不容易了。

"文革"期间,梁漱溟写过一首《咏"臭老九"》,将知识分子的屈辱感表露无遗,一度口口相传:"九儒十丐古已有,而今又名臭老九。古之老九犹如人,今之老九不如狗。专政全凭知识无,反动皆因文化有。假若马列生今世,也要揪出满街走。"他受到了狂涛恶浪的冲击,家被抄,房屋被占,夫人挨打,书籍、信件、字画被焚,手稿被没收,如此惨境,他仍然顽强地活下来。更难能可贵的是,在资料全无的情况下,梁漱溟写成了学术著作《儒佛异同论》和《东方学术概观》。谁说"文革"期间只有两部学术著作(郭沫若的《李白与杜甫》和章士钊的《柳文指要》)?梁漱溟的著作不符合主流意识形态的要求,但它们的学术价值比那两部官方认可的"杰作"要高明得太多。

喜欢出风头的人,永远都有风头可出;喜欢冒风险的人,也永远有风险可冒。"批林批孔"运动一起,梁漱溟就认为林彪与孔子既不当门又不对户,风马牛不相及,将他们捆绑在一起加以批判实在太荒唐。北大教授冯友兰曲学阿世,奉旨撰文,铁掌批孔,大出风头,尤其令梁漱溟气愤难平,他写信给这位昔日的弟子,声明与之绝交。当时全中国只有两个人不肯批孔,一个是梁漱溟,另一个是吴宓。梁漱溟认为孔子的思想有糟粕,也有精华,不能一概抹杀。至于林彪,是鬼不是人,完全没有人格。这家伙假扮马克思主义者,编语录,唱赞歌,说假话,既无思想,也无路线,只是一门心思想夺权。将他与孔子强行牵扯,甚至相提并论,是愚蠢可笑的。"林彪欺骗了毛主席,毛主席错认了林彪,这是不可否认的事实!"当年,谁会像梁漱溟这样直来直去地说话?他居然认为毛泽东养虎遗患,难辞其咎。这还得了!批判会不断升级,从1974年3月到9月,历时半年,大会小会一百余次,火力够猛够烈,竟然轰不垮这位八十一岁的老人,真是不可思议。梁漱溟有幽默感,而且是非同一般的幽默感,他在批斗会上调侃道:"给我贴大字报,自是应有之举;会上同人责斥我驳斥我,全是理所当然。这种驳斥、责斥,与其少不如多,与其轻不如重。如果平淡轻松,则不带劲,那倒不好。"待到批林批孔运动快要结束时,有人问他对批斗的感想如何,梁漱溟亢声回答道:"三军可夺帅,匹夫不可夺志!'匹夫'就是独自一个,无权无势。他的最后一着只是坚信自己的'志'。什么都可以夺掉他,但这个'志'没法夺掉,就是把他这个人消灭掉,也没办法夺掉!"这话差点没把那人当场噎死。

梁漱溟最后一次挨批判,则是在打倒"四人帮"之后。1978年2月,全国人大、全国政协同时在北京开会,会议的一项重要内容是制定新宪法。在政协会上,梁漱溟再次放炮:"我的经验是,宪法在中国,常常是一纸空文,治理国家主要靠人治,而不是法治……我的话是有根据的。就说最近十年吧,毛主席为了解决刘少奇的问题,写了《炮打司令部》

的大字报。如果按党章，刘少奇是中共第二把手，必须召开党的代表大会才能解决问题；如果按宪法，刘少奇是国家主席，必须召开全国人民代表大会来解决。毛主席没有那么做，内在的原因据说是刘少奇并非孤家寡人，他在中共党内的上层有不少有力的支持者，他在普通党员和人民群众中也很有威信。毛主席考虑到首先在党内高层开会就会遇到麻烦，弄不好就会搞成僵局。因此，他采取了非常手段，绕了个大弯子，直接从下边开始，把热情有余的娃娃们鼓动起来，发动了史无前例的'文化大革命'，搞得天翻地覆，国无宁日。结果被冲击的就不单是刘少奇，还有许多其他人，中共的，非中共的都有，倒的倒了，死的死了，好大一摊子！而不是常说的'一小撮'。毛主席的这种搞法，自然是人治，而不是法治，宪法也限制不了他的所作所为。我还想过，为什么毛主席能这么做，而且畅通无阻，一呼百应，反对者甚少呢？我觉得有两方面的原因：第一，毛主席本人是一位功高如山的人物，可以说他缔造了党，缔造了国家，他的权威太大了。毛主席不加限制地发挥了自己的这种权威，于是在许多人的心目中，毛主席也就从人变成了神，成了偶像。第二，是由于中国的历史，20世纪以前不用说，本世纪以来虽曾有过各种纸上的宪法，但从总体看都没有真正施行过。法统、法制、法治，种种法的观念从上到下，大家都非常淡薄。而对于人治，却是多年来所习惯的……中国由人治渐渐入于法治，现在是个转折点，今后要逐渐依靠宪法和法制的权威，依法治国，这是历史发展的趋势，中国前途之所在，是任何人都阻挡不了的。"

此炮一放，一大堆罪名噼噼啪啪落在了梁漱溟头上，"攻击阶级斗争和无产阶级专政"，"攻击无产阶级文化大革命"，"恶毒攻击伟大领袖毛主席"，"诬蔑英明领袖华主席为首的党中央"，毕竟今时不同往日，批判只是装个样子，谁也不再认真，火力之弱形同挠痒。后来，事实证明，梁漱溟的话讲得对，他的预见也在逐渐成为现实。

汉代民谣曰："直如弦，死道边；弯如钩，反封侯。"直言者从来就很难有好果子吃。一个人豁出性命，"宁鸣而死，不默而生"，单有道德勇气是远远不够的，他必定还得有一种信念作为后盾：天地间有一个我，天地间就多一份正气，浩然正气是不可磨灭的，它与日月星辰相辉耀，与宇宙天地相始终。中国知识分子集体软弱，缺乏独立之人格和自由之精神，就是因为胸中没有养成这股滂沛的浩然之气。梁漱溟写过一副赠友兼自箴的对联，"无我为大，有本不穷"，他的勇气和信心皆源于佛家精神和儒家精神。他具有菩萨心肠，是现世中"观之俨然,即之也温"的君子儒。美国高官马歇尔和司徒雷登尊称他为"中国的甘地",也不算太夸张。

1985年11月21日,冯友兰的女儿宗璞打电话邀请梁漱溟出席父亲九十岁寿宴,梁漱溟明确表示拒绝,当天他写了一封无上款的信给冯友兰:"尊处电话邀晤……我却断然拒绝者,实以足下曾谄媚江青。……如承枉驾来我家,自当以礼接待交谈,倾吐衷怀"。12月6日,冯友兰回复梁漱溟:

> 十一月二十一日来信,敬悉一切。前寄奉近出《三松堂自序》,回忆录之类也。如蒙阅览,观过知仁,有所谅解,则当趋谒,面聆教益,欢若平生,乃可贵耳。若心无谅解,胸有芥蒂,虽能以礼相待,亦觉意味索然,复何贵乎?来书竟无上款,窥其意,盖不欲有所称谓也。相待以礼,复如是乎?疾恶如仇之心有余,与人为善之心不足。忠恕之道,岂其然乎?譬犹嗟来之食,虽曰招致,意实拒之千里之外矣。"如何金石交,一旦更离伤",诗人诚概乎其言之也。非敢有憾于左右,来书直率坦白,甚为感动,以为虽古之遗直不能过也。故亦不自隐其胸臆耳。实欲有一欢若平生之会,以为彼此暮年之乐。区区之意,如此而已,言不尽意。

12月24日，冯友兰在女儿宗璞陪同下前往木樨地拜访梁漱溟，两位耄耋老人畅谈"菩提""涅槃"。宗璞童言无忌，她强调说明，梁漱溟信中指责父亲"谄媚江青"是不问事实的主观妄断，这种态度很要不得，事实上，"父亲和江青的一切联系，都是当时组织上安排的。'组织上'三字的分量，量您是清楚的。江青处处代表毛主席，是谁给她这种身份、权利的？江青半夜跑到我家地震棚，来时院中一片欢呼'毛主席万岁'，是谁让青年们这样喊的？居心叵测的女人和小人君临十亿人民的原因，现在都逐渐清楚了。父亲那时的诗文只与毛主席有关，而无别人！可以责备他太相信毛主席和共产党，却不能责备他谄媚江青。我们习惯于责备某个人，为什么不研究一下中国知识分子所处的地位，尤其是新中国成立以后的地位！……最根本的是，知识分子是改造对象！中国知识分子既无独立的地位，更无独立的人格，真是最深刻的悲哀！"话不投机半句多，冯友兰父女起身告辞，梁漱溟以亲切的语气问宗璞："你母亲可好？代我问候。"这再次触到了宗璞的内心痛点，她回禀道："母亲已于1977年10月去世，当时大家都在'四人帮'倒台的欢乐声中，而我母亲因父亲又被批判，医疗草率，心绪恶劣，是在万般牵挂中去世的。"对此,梁漱溟为之喟然,他将自己的新著《人心与人生》赠给冯友兰。梁、冯二老的这次(也是末次)相会显然算不上"一欢若平生之会"。蔡仲德著的《冯友兰先生年谱初编》只纪实,不作评,其中气息则不难闻见。

冯友兰一度被梁漱溟踢出门墙,后虽获谅,心头的嫌隙总未百分之百地消除(汪东林的《梁漱溟问答录》是明证),但他对老师由衷敬佩。1988年,梁漱溟逝世后,冯友兰以九十三岁高龄撰写纪念文章,称赞梁漱溟:"钩玄决疑,百年尽瘁,以发扬儒学为己任;廷争面折,一代直声,为同情农夫而执言。"这一评价堪称准确恰当,理应万世不磨。

图书在版编目(CIP)数据

狂人/王开林著. —上海:复旦大学出版社,2013.8
(微阅读大系·王开林晚清民国人物系列1)
ISBN 978-7-309-09843-3

Ⅰ.狂… Ⅱ.王… Ⅲ.名人-人物研究-中国-近代 Ⅳ.K820.5

中国版本图书馆CIP数据核字(2013)第151358号

狂人
王开林 著
责任编辑/李又顺
复旦大学出版社有限公司出版发行
上海市国权路579号 邮编:200433
网址:fupnet@fudanpress.com http://www.fudanpress.com
门市零售:86-21-65642857 团体订购:86-21-65118853
外埠邮购:86-21-65109143
山东鸿杰印务集团

开本 850×1168 1/32 印张5.75 字数91千
2013年8月第1版第1次印刷
印数1—4 100

ISBN 978-7-309-09843-3/K·432
定价:20.00元

如有印装质量问题,请向复旦大学出版社有限公司发行部调换。
版权所有 侵权必究